Bryn Mawr Greek Commentaries

Aristophanes'
Clouds

Laura S. Barnard

Thomas Library, Bryn Mawr College
Bryn Mawr, Pennsylvania

Manufactured in the United States of America
ISBN 0-929524-02-0
Printed and distributed by
Bryn Mawr Commentaries
Thomas Library
Bryn Mawr College
Bryn Mawr, PA 19010

Series Preface

These lexical and grammatical notes are meant not as a full-scale commentary but as a clear and concise aid to the beginning student. The editors have been told to resist their critical impulses and to say only what will help the student read the text. Our commentaries, then, are the beginning of the interpretive process, not the end.

We expect that the student will know the basic Attic declensions and conjugations, basic grammar (the common functions of cases and moods; the common types of clauses and conditions), and how to use a dictionary. In general we have tried to avoid duplication of material easily extractable from the lexicon, but we have included help with the odd verb forms, and recognizing that endless page-flipping can be counter-productive, we have provided the occasional bonus of assistance with uncommon vocabulary. The bibliography lists a few books in English that have proved useful as secondary reading.

Production of these commentaries has been made possible by a generous grant fom the Division of Education Programs, the National Endowment for the Humanities.

Richard Hamilton
General Editor
Gregory W. Dickerson
Associate Editor
Gilbert Rose
Associate Editor

Volume Preface

Aristophanes presented the original *Clouds* in 423 B.C. at the
City (or Greater) Dionysia in Athens, an annual festival during which
both comic and tragic playwrights competed for prizes. It placed a
disappointing third. A few years later Aristophanes revised the play,
and it is this revision which has survived, as the description of the
failure of the first *Clouds*, in lines 518-62 of our play, makes clear.
Aside from this passage, we do not know for certain the extent of the
revision.

Scholars have long discussed the unflattering portrait of
Socrates in this play, Aristophanes' intentions in depicting the
philosopher in this manner, and the possibly damaging effects of this
presentation on Socrates' stature in the Athenian community. In the
Apology Plato has his Socrates make direct reference to this
caricature (18 b-c), implying strongly that it contributed to his
eventual downfall. The playwright surely has distorted the character
and interests of Socrates, attributing to him ideas and practices more
appropriate to certain pre-Socratic philosophers and sophists, itinerant
teachers who were paid for lessons in the art of rhetoric. On the other
hand, Aristophanes attacked other figures in other plays much more
viciously and with less good humor. His primary goal, after all, was
to write comedy, and his Socrates is a genuinely funny creation, in
part because comic distortion is so effectively employed.

My debt to K. J. Dover's 1968 commentary is enormous, and
Alan Sommerstein's more recent translation with notes has also
proved useful. The text of the *Clouds* printed here is that of Dover
(1970). I offer my thanks to my Bryn Mawr editors for their
thorough and thoughtful editing, and to my collegue David Mulroy
for help with some of the more difficult passages.

Laura Stone Barnard
Milwaukee, Wisconsin
July, 1987

Metrical Note

Iambic trimeter is the regular meter of dialogue in Attic drama. Each line comprises three metrical units ("metra") of the shape x - υ -, so that the whole line may be diagrammed thus: x - υ -/ x - υ / x - υ x (where - is a long syllable, υ a short syllable, and x is a syllable optionally long or short). A syllable is long if it contains a long vowel or a diphthong or a short vowel followed by two (or more) consonants or by ζ, ψ, or ξ. One or both consonants may belong to the beginning of the following word. A mute consonant (π, β. φ, κ, γ, χ, τ, δ, θ) followed by a liquid or nasal consonant (λ, ρ, μ, ν) does not normally make the syllable long. A syllable is short if it contains a short vowel and is not lengthened under the double consonant rule. The Greek vowels ε and o are always short; η and ω are always long; α, ι, or υ may be long or short by nature, and their naural quantities in the root of any given word are normally noted in the lexicon. Thus we may analyze ("scan") line 42:

   - - υ -/ υ - υ -/ - - υ υ
ἥτις με γῆμ᾽ ἐπῆρε τὴν σὴν μητέρα.

Metrical license in comedy permits the substitution of two short syllables for one almost anywhere in the line. Thus we may scan lines 2-4:

   - - υ υ -/ υ - υ -/ - - υ υ
ὦ Ζεῦ βασιλεῦ, τὸ χρῆμα τῶν νυκτῶν ὅσον.
υ υ - υ -/υ υ - υ -/ υ - υ -
ἀπέραντον. οὐδέποθ᾽ ἡμέρα γενήσεται;
   - - υ -/ υ - υυ υ/ - - υ -
καὶ μὴν πάλαι γ᾽ ἀλεκτρυόνος ἤκουσ᾽ ἐγώ.

Most lines have word-end after either the fifth or seventh syllable ("caesura").

Iambic tetrameter catalectic employs the same basic pattern as above, but comprises four metra, of which the last is shortened by one syllable (catalectic). It can be diagrammed thus: x - υ - /x - υ - // x - υ -/ υ - x. // marks the coincidence of word-end and end of metron (diaeresis), which frequently occurs at the mid-point of a tetrameter line. The rules for substitution above apply; thus we may scan 1034-35:

   - - υ -/ - - υ -/υ - υ -/ υ - υ
δεινῶν δέ σοι βουλευμάτων ἔοικε δεῖν πρὸς αὐτόν,
   - - υ -/ υ - υ -/ - - υ -/ υ - -
εἴπερ τὸν ἄνδρ᾽ ὑπερβαλεῖ καὶ μὴ γέλωτ᾽ ὀφλήσεις.

Here too the rules for substitution apply. Thus we may scan 1055:

- ‿ ‿ ‿ - / - ‿‿ ‿ - / ‿ - ‿ - / ‿ - -
εἶτ' ἐν ἀγορᾷ τὴν διατριβὴν ψέγεις, ἐγὼ δ' ἐπαινῶ.

The basic unit of anapestic tetrameter catalectic is the anapest,
‿‿-, for which--or-‿‿ may be substituted freely. It can be
diagrammed: ‿‿-‿‿-/‿‿-‿‿-//‿‿-‿‿- /‿‿-x. We may scan 267-8:

- - - - - / ‿   ‿ - - - // - - - - - /
μήπω, μήπω γε, πρὶν ἂν τουτὶ πτύξωμαι, μὴ
                              ‿ ‿ - -
                              καταβρεχθῶ.

‿ ‿ - ‿ ‿ - / - ‿ ‿ - -// ‿ ‿ -
τὸ δὲ μηδὲ κυνῆν οἴκοθεν ἐλθεῖν ἐμὲ τὸν
                         ‿ ‿ -/ ‿ ‿ - ‿
                         κακοδαίμον' ἔχοντα.

For discussion of complex lyric meters, see Dover.

Selected Bibliography

Aristophanes, *The Clouds*, William Arrowsmith, trans., (Ann Arbor 1962), a lively modern translation with useful notes and glossary.

Kenneth J. Dover, ed., *Aristophanes: Clouds* (Oxford 1968; abridged edition, 1970). A text with a comprehensive commentary, though the abridged version often abbreviates textual discussions and focuses more on problems of sense and translation.

-----, *Aristophanic Comedy* (Berkeley 1972), especially 101-20. After lengthy introductory material on chronology, structure, etc., each play is summarized and discussed individually.

C. W. Dearden, *The Stage of Aristophanes* (London 1976), a detailed discussion of the physical theater and ancient stagecraft.

Jeffrey Henderson, *The Maculate Muse* (New Haven 1975), a well-organized discussion of obscene language in Aristophanes.

Kenneth J. Reckford, *Aristophanes' Old-and-New Comedy* (Chapel Hill, NC 1987), six essays on Aristophanes, with a discussion of the *Clouds* on 388-402.

Charles Segal, "Aristophanes' Cloud-Chorus," *Arethusa* 2 (1969), 143-61, is a discussion of the curious role of the Cloud-Chorus and its relation to the agon.

Alan H. Sommerstein, *Aristophanes: Clouds* (Warminster 1982), a text with modern translation and useful notes.

W. J. M. Starkie, trans., *The Clouds* (London 1911), a text with a dated translation but useful commentary.

Cedric Whitman, *Aristophanes and the Comic Hero* (Cambridge, Mass. 1964), especially 119-43, where the *Clouds* is discussed along with the *Wasps* in the light of the shared theme of the generation gap.

NOTES ON THE
APPARATUS CRITICUS

THE purpose of the apparatus criticus is: first, to show what the manuscripts say, wherever a choice has been made between variant readings or an emendation has been printed in the text; and secondly, to show what emendations have been suggested where there are grounds for dissatisfaction with all the manuscripts. Many trivial errors and corrections have been passed over in silence.

The following symbols are used:

Π	one or other of the surviving fragments of ancient copies
R	the manuscript Ravennas 429
V	the manuscript Venetus Marcianus 474
p	consensus of those manuscripts which (*a*) date from the period 1261–1453 and (*b*) show few or no signs of Byzantine emendation
a	consensus of R, V, and p
p	one or more of the manuscripts subsumed under p
p	a reading which is known, or reasonably believed, to be a Byzantine emendation
z	an emendation made at any time from the beginning of the sixteenth century to the present day
Sch.	a reading incorporated in a scholion or explicitly cited by a scholiast
(Sch.)	a reading inferred from a scholion
test.	a reading found in another author's quotation from Aristophanes

ΝΕΦΕΛΑΙ

ΣΤΡΕΨΙΑΔΗΣ

ἰοὺ ἰού.
ὦ Ζεῦ βασιλεῦ, τὸ χρῆμα τῶν νυκτῶν ὅσον.
ἀπέραντον. οὐδέποθ' ἡμέρα γενήσεται;
καὶ μὴν πάλαι γ' ἀλεκτρυόνος ἤκουσ' ἐγώ.
οἱ δ' οἰκέται ῥέγκουσιν. ἀλλ' οὐκ ἂν πρὸ τοῦ.   5
ἀπόλοιο δῆτ', ὦ πόλεμε, πολλῶν οὕνεκα,
ὅτ' οὐδὲ κολάσ' ἔξεστί μοι τοὺς οἰκέτας.
ἀλλ' οὐδ' ὁ χρηστὸς οὑτοσὶ νεανίας
ἐγείρεται τῆς νυκτός, ἀλλὰ πέρδεται
ἐν πέντε σισύραις ἐγκεκορδυλημένος.   10
ἀλλ' εἰ δοκεῖ, ῥέγκωμεν ἐγκεκαλυμμένοι.
ἀλλ' οὐ δύναμαι δείλαιος εὕδειν δακνόμενος
ὑπὸ τῆς δαπάνης καὶ τῆς φάτνης καὶ τῶν χρεῶν
διὰ τουτονὶ τὸν υἱόν. ὁ δὲ κόμην ἔχων
ἱππάζεταί τε καὶ ξυνωρικεύεται   15
ὀνειροπολεῖ θ' ἵππους. ἐγὼ δ' ἀπόλλυμαι
ὁρῶν ἄγουσαν τὴν σελήνην εἰκάδας·
οἱ γὰρ τόκοι χωροῦσιν. ἅπτε παῖ λύχνον
κἄκφερε τὸ γραμματεῖον, ἵν' ἀναγνῶ λαβὼν
ὁπόσοις ὀφείλω καὶ λογίσωμαι τοὺς τόκους.   20
φέρ' ἴδω, τί ὀφείλω; δώδεκα μνᾶς Πασίᾳ.
τοῦ δώδεκα μνᾶς Πασίᾳ; τί ἐχρησάμην;
ὅτ' ἐπριάμην τὸν κοππατίαν. οἴμοι τάλας,
εἴθ' ἐξεκόπην πρότερον τὸν ὀφθαλμὸν λίθῳ.

21–2 Οἰ. δώδεκα et Στ. τοῦ (Sch.)

ΝΕΦΕΛΑΙ

ΦΕΙΔΙΠΠΙΔΗΣ

    Φίλων, ἀδικεῖς. ἔλαυνε τὸν σαυτοῦ δρόμον.   25

Στ. τοῦτ' ἐστὶ τουτὶ τὸ κακὸν ὅ μ' ἀπολώλεκεν·
    ὀνειροπολεῖ γὰρ καὶ καθεύδων ἱππικήν.

Φε. πόσους δρόμους ἐλᾷ τὰ πολεμιστήρια;

Στ. ἐμὲ μὲν σὺ πολλοὺς τὸν πατέρ' ἐλαύνεις δρόμους.
    ἀτὰρ τί χρέος ἔβα με μετὰ τὸν Πασίαν;   30
    τρεῖς μναῖ διφρίσκου καὶ τροχοῖν Ἀμεινίᾳ.

Φε. ἄπαγε τὸν ἵππον ἐξαλίσας οἴκαδε.

Στ. ἀλλ' ὦ μέλ' ἐξήλικας ἐμέ γ' ἐκ τῶν ἐμῶν,
    ὅτε καὶ δίκας ὤφληκα χἄτεροι τόκου
    ἐνεχυράσεσθαί φασιν.

Φε.   ἐτεόν, ὦ πάτερ,   35
    τί δυσκολαίνεις καὶ στρέφει τὴν νύχθ' ὅλην;

Στ. δάκνει μέ τις δήμαρχος ἐκ τῶν στρωμάτων.

Φε. ἔασον ὦ δαιμόνιε καταδαρθεῖν τί με.

Στ. σὺ δ' οὖν κάθευδε. τὰ δὲ χρέα ταῦτ' ἴσθ' ὅτι
    εἰς τὴν κεφαλὴν ἅπαντα τὴν σὴν τρέψεται.   40
    φεῦ.   41a
    εἴθ' ὤφελ' ἡ προμνήστρι' ἀπολέσθαι κακῶς   41b
    ἥτις με γῆμ' ἐπῆρε τὴν σὴν μητέρα.
    ἐμοὶ γὰρ ἦν ἄγροικος ἥδιστος βίος,
    εὐρωτιῶν, ἀκόρητος, εἰκῇ κείμενος,
    βρύων μελίτταις καὶ προβάτοις καὶ στεμφύλοις.   45
    ἔπειτ' ἔγημα Μεγακλέους τοῦ Μεγακλέους
    ἀδελφιδῆν ἄγροικος ὢν ἐξ ἄστεως,
    σεμνήν, τρυφῶσαν, ἐγκεκοισυρωμένην.
    ταύτην ὅτ' ἐγάμουν, συγκατεκλινόμην ἐγώ

---

  28 ἐλᾷς (Sch.?)   31 in. Οἰ. (Sch.)   35 ἐνεχυράσεσθαι (Sch.) :
ἐνεχυράσασθαι **a**

ΝΕΦΕΛΑΙ

ὄζων τρυγός, τρασιᾶς, ἐρίων, περιουσίας,   50
ἡ δ' αὖ μύρου, κρόκου, καταγλωττισμάτων,
δαπάνης, λαφυγμοῦ, Κωλιάδος, Γενετυλλίδος·
οὐ μὴν ἐρῶ γ' ὡς ἀργὸς ἦν, ἀλλ' ἐσπάθα,
ἐγὼ δ' ἂν αὐτῇ θοἰμάτιον δεικνὺς τοδὶ
πρόφασιν ἔφασκον· ὦ γύναι, λίαν σπαθᾷς.   55

ΟΙΚΕΤΗΣ
ἔλαιον ἡμῖν οὐκ ἔνεστ' ἐν τῷ λύχνῳ.
Στ. οἴμοι. τί γάρ μοι τὸν πότην ἧπτες λύχνον;
δεῦρ' ἔλθ' ἵνα κλάῃς.
Οἰ.   διὰ τί δῆτα κλαύσομαι;
Στ. ὅτι τῶν παχειῶν ἐνετίθεις θρυαλλίδων.
μετὰ ταῦθ', ὅπως νῷν ἐγένεθ' υἱὸς οὑτοσί,   60
ἐμοί τε δὴ καὶ τῇ γυναικὶ τἀγαθῇ,
περὶ τοὐνόματος δὴ 'ντεῦθεν ἐλοιδορούμεθα.
ἡ μὲν γὰρ ἵππον προσετίθει πρὸς τοὔνομα,
Ξάνθιππον ἢ Χάριππον ἢ Καλλιππίδην,
ἐγὼ δὲ τοῦ πάππου 'τιθέμην Φειδωνίδην.   65
τέως μὲν οὖν ἐκρινόμεθ'· εἶτα τῷ χρόνῳ
κοινῇ ξυνέβημεν κἀθέμεθα Φειδιππίδην.
τοῦτον τὸν υἱὸν λαμβάνουσ' ἐκορίζετο·
"ὅταν σὺ μέγας ὢν ἅρμ' ἐλαύνῃς πρὸς πόλιν,
ὥσπερ Μεγακλέης, ξυστίδ' ἔχων—" ἐγὼ δ' ἔφην·   70
"ὅταν μὲν οὖν τὰς αἶγας ἐκ τοῦ φελλέως,
ὥσπερ ὁ πατήρ σου, διφθέραν ἐνημμένος—".
ἀλλ' οὐκ ἐπείθετο τοῖς ἐμοῖς οὐδὲν λόγοις,
ἀλλ' ἵππερόν μου κατέχεεν τῶν χρημάτων.
νῦν οὖν ὅλην τὴν νύκτα φροντίζων ὁδοῦ   75
μίαν ηὖρον ἀτραπὸν δαιμονίως ὑπερφυᾶ,
ἣν ἢν ἀναπείσω τουτονί, σωθήσομαι.

62 δὴ ταῦτ' p : δὴ 'νταῦθ' z   73 ἐπίθετο p

NEABEA

ΝΕΦΕΛΑΙ

ἀλλ' ἐξεγεῖραι πρῶτον αὐτὸν βούλομαι.
πῶς δῆτ' ἂν ἥδιστ' αὐτὸν ἐπεγείραιμι; πῶς;
Φειδιππίδη, Φειδιππίδιον.

Φε.   τί, ὦ πάτερ;   80

Στ. κύσον με καὶ τὴν χεῖρα δὸς τὴν δεξιάν.

Φε. ἰδού. τί ἐστιν;

Στ.   εἰπέ μοι, φιλεῖς ἐμέ;

Φε. νὴ τὸν Ποσειδῶ τουτονὶ τὸν ἵππιον.

Στ. μή μοι γε τοῦτον μηδαμῶς τὸν ἵππιον·
οὗτος γὰρ ὁ θεὸς αἴτιός μοι τῶν κακῶν.   85
ἀλλ' εἴπερ ἐκ τῆς καρδίας μ' ὄντως φιλεῖς,
ὦ παῖ, πιθοῦ.

Φε.   τί οὖν πίθωμαι δῆτά σοι;

Στ. ἔκτρεψον ὡς τάχιστα τοὺς σαυτοῦ τρόπους
καὶ μάνθαν' ἐλθὼν ἂν ἐγὼ παραινέσω.

Φε. λέγε δή, τί κελεύεις;

Στ.   καί τι πείσει;

Φε.   πείσομαι,   90
νὴ τὸν Διόνυσον.

Στ.   δεῦρό νυν ἀπόβλεπε.
ὁρᾷς τὸ θύριον τοῦτο καὶ τοἰκίδιον;

Φε. ὁρῶ. τί οὖν τοῦτ' ἐστὶν ἐτεόν, ὦ πάτερ;

Στ. ψυχῶν σοφῶν τοῦτ' ἐστὶ φροντιστήριον.
ἐνταῦθ' ἐνοικοῦσ' ἄνδρες οἳ τὸν οὐρανὸν 95
λέγοντες ἀναπείθουσιν ὡς ἔστιν πνιγεύς,
κἄστιν περὶ ἡμᾶς οὗτος, ἡμεῖς δ' ἄνθρακες.
οὗτοι διδάσκουσ', ἀργύριον ἤν τις διδῷ,
λέγοντα νικᾶν καὶ δίκαια κἄδικα.

82 Στ. post εἰπέ μοι R   88 ἔκστρεψον RVp test.   95 ἐνταῦθα
θακοῦσ' (Sch.)

Φε. εἰσὶν δὲ τίνες;

Στ.   οὐκ οἶδ᾽ ἀκριβῶς τοὔνομα.   100
μεριμνοφροντισταὶ καλοί τε κἀγαθοί.

Φε. αἰβοῖ, πονηροί γ᾽, οἶδα. τοὺς ἀλαζόνας,
τοὺς ὠχριῶντας, τοὺς ἀνυποδήτους λέγεις,
ὧν ὁ κακοδαίμων Σωκράτης καὶ Χαιρεφῶν

Στ. ἢ ἤ, σιώπα. μηδὲν εἴπῃς νήπιον.   105
ἀλλ᾽ εἴ τι κήδει τῶν πατρῴων ἀλφίτων,
τούτων γενοῦ μοι, σχασάμενος τὴν ἱππικήν.

Φε. οὐκ ἂν μὰ τὸν Διόνυσον εἰ δοίης γέ μοι
τοὺς Φασιανοὺς οὓς τρέφει Λεωγόρας.

Στ. ἴθ᾽, ἀντιβολῶ σ᾽, ὦ φίλτατ᾽ ἀνθρώπων ἐμοί,   110
ἐλθὼν διδάσκου.

Φε.   καὶ τί σοι μαθήσομαι;

Στ. εἶναι παρ᾽ αὐτοῖς φασιν ἄμφω τὼ λόγω,
τὸν κρείττον᾽, ὅστις ἐστί, καὶ τὸν ἥττονα.
τούτοιν τὸν ἕτερον τοῖν λόγοιν, τὸν ἥττονα,
νικᾶν λέγοντά φασι τἀδικώτερα.   115
ἢν οὖν μάθῃς μοι τὸν ἄδικον τοῦτον λόγον,
ἃ νῦν ὀφείλω διὰ σέ, τούτων τῶν χρεῶν
οὐκ ἂν ἀποδοίην οὐδ᾽ ἂν ὀβολὸν οὐδενί.

Φε. οὐκ ἂν πιθοίμην· οὐ γὰρ ἂν τλαίην ἰδεῖν
τοὺς ἱππέας τὸ χρῶμα διακεκναισμένος.   120

Στ. οὐκ ἄρα μὰ τὴν Δήμητρα τῶν γ᾽ ἐμῶν ἔδει
οὔτ᾽ αὐτὸς οὔθ᾽ ὁ ζύγιος οὔθ᾽ ὁ σαμφόρας,
ἀλλ᾽ ἐξελῶ σ᾽ εἰς κόρακας ἐκ τῆς οἰκίας.

Φε. ἀλλ᾽ οὐ περιόψεταί μ᾽ ὁ θεῖος Μεγακλέης
ἄνιππον. ἀλλ᾽ εἴσειμι, σοῦ δ᾽ οὐ φροντιῶ.   125

Στ. ἀλλ᾽ οὐδ᾽ ἐγὼ μέντοι πεσών γε κείσομαι,
ἀλλ᾽ εὐξάμενος τοῖσιν θεοῖς διδάξομαι

ΝΕΦΕΛΑΙ

αὐτὸς βαδίζων εἰς τὸ φροντιστήριον.
πῶς οὖν γέρων ὢν κἀπιλήσμων καὶ βραδὺς
λόγων ἀκριβῶν σκινδαλάμους μαθήσομαι;   130
ἰτητέον. τί ταῦτ' ἔχων στραγγεύομαι
ἀλλ' οὐχὶ κόπτω τὴν θύραν; παῖ, παιδίον.

ΜΑΘΗΤΗΣ

βάλλ' εἰς κόρακας. τίς ἐσθ' ὁ κόψας τὴν θύραν;

Στ. Φείδωνος υἱὸς Στρεψιάδης Κικυννόθεν.

Μα. ἀμαθής γε νὴ Δί', ὅστις οὑτωσὶ σφόδρα   135
ἀπεριμερίμνως τὴν θύραν λελάκτικας
καὶ φροντίδ' ἐξήμβλωκας ἐξηυρημένην.

Στ. σύγγνωθί μοι· τηλοῦ γὰρ οἰκῶ τῶν ἀγρῶν.
ἀλλ' εἰπέ μοι τὸ πρᾶγμα τοὐξημβλωμένον.

Μα. ἀλλ' οὐ θέμις πλὴν τοῖς μαθηταῖσιν λέγειν.   140

Στ. λέγε νυν ἐμοὶ θαρρῶν· ἐγὼ γὰρ οὑτοσὶ
ἥκω μαθητὴς εἰς τὸ φροντιστήριον.

Μα. λέξω, νομίσαι δὲ ταῦτα χρὴ μυστήρια.
ἀνήρετ' ἄρτι Χαιρεφῶντα Σωκράτης
ψύλλαν ὁπόσους ἅλλοιτο τοὺς αὑτῆς πόδας.   145
δακοῦσα γὰρ τοῦ Χαιρεφῶντος τὴν ὀφρῦν
ἐπὶ τὴν κεφαλὴν τὴν Σωκράτους ἀφήλατο.

Στ. πῶς δῆτα διεμέτρησε;

Μα.   δεξιώτατα.
κηρὸν διατήξας, εἶτα τὴν ψύλλαν λαβὼν
ἐνέβαψεν εἰς τὸν κηρὸν αὐτῆς τὼ πόδε,   150
κᾆτα ψυχείσῃ περιέφυσαν Περσικαί.
ταύτας ὑπολύσας ἀνεμέτρει τὸ χωρίον.

Στ. ὦ Ζεῦ βασιλεῦ, τῆς λεπτότητος τῶν φρενῶν.

148 τοῦτ' ἐμέτρησε V

Μα. τί δῆτ᾽ ἄν, ἕτερον εἰ πύθοιο Σωκράτους
φρόντισμα;

Στ.   ποῖον; ἀντιβολῶ, κάτειπέ μοι.   155

Μα. ἀνήρετ᾽ αὐτὸν Χαιρεφῶν ὁ Σφήττιος
ὁπότερα τὴν γνώμην ἔχοι, τὰς ἐμπίδας
κατὰ τὸ στόμ᾽ ᾄδειν ἢ κατὰ τοὐρροπύγιον.

Στ. τί δῆτ᾽ ἐκεῖνος εἶπε περὶ τῆς ἐμπίδος;

Μα. ἔφασκεν εἶναι τοὔντερον τῆς ἐμπίδος   160
στενόν, διὰ λεπτοῦ δ᾽ ὄντος αὐτοῦ τὴν πνοὴν
βίᾳ βαδίζειν εὐθὺ τοὐρροπυγίου·
ἔπειτα κοῖλον πρὸς στενῷ προσκείμενον
τὸν πρωκτὸν ἠχεῖν ὑπὸ βίας τοῦ πνεύματος.

Στ. σάλπιγξ ὁ πρωκτός ἐστιν ἄρα τῶν ἐμπίδων.   165
ὦ τρισμακάριος τοῦ διεντερεύματος.
ἦ ῥᾳδίως φεύγων ἂν ἀποφύγοι δίκην
ὅστις δίοιδε τοὔντερον τῆς ἐμπίδος.

Μα. πρώην δέ γε γνώμην μεγάλην ἀφῃρέθη
ὑπ᾽ ἀσκαλαβώτου.

Στ.   τίνα τρόπον; κάτειπέ μοι.   170

Μα. ζητοῦντος αὐτοῦ τῆς σελήνης τὰς ὁδοὺς
καὶ τὰς περιφοράς, εἶτ᾽ ἄνω κεχηνότος
ἀπὸ τῆς ὀροφῆς νύκτωρ γαλεώτης κατέχεσεν.

Στ. ἤσθην γαλεώτῃ καταχέσαντι Σωκράτους.

Μα. ἐχθὲς δέ γ᾽ ἡμῖν δεῖπνον οὐκ ἦν ἑσπέρας.   175

Στ. εἶέν. τί οὖν πρὸς τἄλφιτ᾽ ἐπαλαμήσατο;

Μα. κατὰ τῆς τραπέζης καταπάσας λεπτὴν τέφραν,
κάμψας ὀβελίσκον, εἶτα διαβήτην λαβών,
ἐκ τῆς παλαίστρας θοἰμάτιον ὑφείλετο.

---

157 ἔχει p test.   161 διαλέπτου p   179 ἱμάτιον Sch. test.

Στ. τί δῆτ' ἐκεῖνον τὸν Θαλῆν θαυμάζομεν;   180
    ἄνοιγ' ἄνοιγ' ἀνύσας τὸ φροντιστήριον
    καὶ δεῖξον ὡς τάχιστά μοι τὸν Σωκράτη.
    μαθητιῶ γάρ. ἀλλ' ἄνοιγε τὴν θύραν.

    ὦ Ἡράκλεις, ταυτὶ ποδαπὰ τὰ θηρία;

Μα. τί ἐθαύμασας; τῷ σοι δοκοῦσιν εἰκέναι;   185

Στ. τοῖς ἐκ Πύλου ληφθεῖσι, τοῖς Λακωνικοῖς.
    ἀτὰρ τί ποτ' εἰς τὴν γῆν βλέπουσιν οὑτοιί;

Μα. ζητοῦσιν οὗτοι τὰ κατὰ γῆς.

Στ.   βολβοὺς ἄρα
    ζητοῦσι. μή νυν τοῦτό γ' ἔτι φροντίζετε·
    ἐγὼ γὰρ οἶδ' ἵν' εἰσὶ μεγάλοι καὶ καλοί.   190
    τί γὰρ οἵδε δρῶσιν οἱ σφόδρ' ἐγκεκυφότες;

Μα. οὗτοι δ' ἐρεβοδιφῶσιν ὑπὸ τὸν Τάρταρον.

Στ. τί δῆθ' ὁ πρωκτὸς εἰς τὸν οὐρανὸν βλέπει;

Μα. αὐτὸς καθ' αὑτὸν ἀστρονομεῖν διδάσκεται.
    ἀλλ' εἴσιθ', ἵνα μὴ 'κεῖνος ὑμῖν ἐπιτύχῃ.   195

Στ. μήπω γε μήπω γ', ἀλλ' ἐπιμεινάντων, ἵνα
    αὐτοῖσι κοινώσω τι πραγμάτιον ἐμόν.

Μα. ἀλλ' οὐχ οἷόν τ' αὐτοῖσι πρὸς τὸν ἀέρα
    ἔξω διατρίβειν πολὺν ἄγαν ἐστὶν χρόνον.

Στ. πρὸς τῶν θεῶν, τί γὰρ τάδ' ἐστίν; εἰπέ μοι.   200

Μα. ἀστρονομία μὲν αὐτηί.

Στ.   τουτὶ δὲ τί;

Μα. γεωμετρία.

Στ.   τοῦτ' οὖν τί ἐστι χρήσιμον;

185 δοκοῦσ' ἐοικέναι p : δοκοῦσιν ἐοικέναι Rp   186 τῆς Λακωνικῆς p
189 τοῦτό γ' ἔτι z : τοῦτό γε Rp : τοῦτ' ἔτι Vp : τουτογὶ z   192 γ' Vp
195 ὑμῖν (Sch.) : ἡμῖν a test.   περιτύχῃ p

ΝΕΦΕΛΑΙ

Μα. γῆν ἀναμετρεῖσθαι.

Στ.   πότερα τὴν κληρουχικήν;

Μα. οὔκ, ἀλλὰ τὴν σύμπασαν.

Στ.   ἀστεῖον λέγεις·
τὸ γὰρ σόφισμα δημοτικὸν καὶ χρήσιμον.   205

Μα. αὕτη δέ σοι γῆς περίοδος πάσης. ὁρᾷς;
αἵδε μὲν Ἀθῆναι.

Στ.   τί σὺ λέγεις; οὐ πείθομαι,
ἐπεὶ δικαστὰς οὐχ ὁρῶ καθημένους.

Μα. ὡς τοῦτ᾽ ἀληθῶς Ἀττικὸν τὸ χωρίον.

Στ. καὶ ποῦ Κικυννῆς εἰσιν, οὑμοὶ δημόται;   210

Μα. ἐνταῦθ᾽ ἔνεισιν. ἡ δέ γ᾽ Εὔβοι᾽, ὡς ὁρᾷς,
ἡδὶ παρατέταται μακρὰ πόρρω πάνυ.

Στ. οἶδ᾽· ὑπὸ γὰρ ἡμῶν παρετάθη καὶ Περικλέους.
ἀλλ᾽ ἡ Λακεδαίμων ποῦ ᾽στίν;

Μα.   ὅπου ᾽στίν; αὑτηί.

Στ. ὡς ἐγγὺς ἡμῶν. τοῦτο μεταφροντίζετε,   215
ταύτην ἀφ᾽ ἡμῶν ἀπαγαγεῖν πόρρω πάνυ.

Μα. ἀλλ᾽ οὐχ οἷόν τε.

Στ.   νὴ Δί᾽, οἰμώξεσθ᾽ ἄρα.
φέρε τίς γὰρ οὗτος οὑπὶ τῆς κρεμάθρας ἀνήρ;

Μα. αὐτός.

Στ.   τίς αὐτός;

Μα.   Σωκράτης.

Στ.   ὦ Σωκράτης.
ἴθ᾽ οὗτος ἀναβόησον αὐτόν μοι μέγα.   220

214 ποῦ ᾽σθ᾽; p   215 μεταφροντίζετε (Sch.): μέγα φροντίζετε
test.: πάνυ φροντίζετε a   217 Στ. ante νὴ Δί᾽ z: post νὴ Δί᾽ a
219 ὦ Σωκράτης z: ὦ Σώκρατες a

ΝΕΦΕΛΑΙ

Μα. αὐτὸς μὲν οὖν σὺ κάλεσον· οὐ γάρ μοι σχολή.

Στ. ὦ Σώκρατες.
ὦ Σωκρατίδιον.

ΣΩΚΡΑΤΗΣ

τί με καλεῖς, ὦ 'φήμερε;

Στ. πρῶτον μὲν ὅτι δρᾷς, ἀντιβολῶ, κάτειπέ μοι.

Σω. ἀεροβατῶ καὶ περιφρονῶ τὸν ἥλιον.   225

Στ. ἔπειτ' ἀπὸ ταρροῦ τοὺς θεοὺς ὑπερφρονεῖς,
ἀλλ' οὐκ ἀπὸ τῆς γῆς, εἴπερ;

Σω.   οὐ γὰρ ἄν ποτε
ἐξηῦρον ὀρθῶς τὰ μετέωρα πράγματα
εἰ μὴ κρεμάσας τὸ νόημα καὶ τὴν φροντίδα,
λεπτὴν καταμείξας εἰς τὸν ὅμοιον ἀέρα.   230
εἰ δ' ὢν χαμαὶ τἄνω κάτωθεν ἐσκόπουν,
οὐκ ἄν ποθ' ηὗρον· οὐ γὰρ ἀλλ' ἡ γῆ βίᾳ
ἕλκει πρὸς αὑτὴν τὴν ἰκμάδα τῆς φροντίδος.
πάσχει δὲ ταὐτὸ τοῦτο καὶ τὰ κάρδαμα.

Στ. πῶς φής;   235
ἡ φροντὶς ἕλκει τὴν ἰκμάδ' εἰς τὰ κάρδαμα;
ἴθι νυν κατάβηθ', ὦ Σωκρατίδιον, ὡς ἐμέ,
ἵνα με διδάξῃς ὧνπερ ἕνεκ' ἐλήλυθα.

Σω. ἦλθες δὲ κατὰ τί;

Στ.   βουλόμενος μαθεῖν λέγειν·
ὑπὸ γὰρ τόκων χρήστων τε δυσκολωτάτων   240
ἄγομαι, φέρομαι, τὰ χρήματ' ἐνεχυράζομαι.

Σω. πόθεν δ' ὑπόχρεως σαυτὸν ἔλαθες γενόμενος;

226 περιφρονεῖς V   238 μ' ἐκδιδάξῃς Vp test.

ΝΕΦΕΛΑΙ

Στ. νόσος μ' ἐπέτριψεν ἱππική, δεινὴ φαγεῖν.
ἀλλά με δίδαξον τὸν ἕτερον τοῖν σοῖν λόγοιν,
τὸν μηδὲν ἀποδιδόντα. μισθὸν δ' ὄντιν' ἂν   245
πράττῃ μ', ὀμοῦμαί σοι καταθήσειν τοὺς θεούς.

Σω. ποίους θεοὺς ὀμεῖ σύ; πρῶτον γὰρ θεοὶ
ἡμῖν νόμισμ' οὐκ ἔστι.

Στ.   τῷ γὰρ ὄμνυτε;
[ἢ] σιδαρέοισιν, ὥσπερ ἐν Βυζαντίῳ;

Σω. βούλει τὰ θεῖα πράγματ' εἰδέναι σαφῶς   250
ἅττ' ἐστὶν ὀρθῶς;

Στ.   νὴ Δί', εἴπερ ἐστί γε.

Σω. καὶ συγγενέσθαι ταῖς Νεφέλαισιν εἰς λόγους,
ταῖς ἡμετέραισι δαίμοσιν;

Στ.   μάλιστά γε.

Σω. κάθιζε τοίνυν ἐπὶ τὸν ἱερὸν σκίμποδα.

Στ. ἰδού, κάθημαι.

Σω.   τουτονὶ τοίνυν λαβὲ   255
τὸν στέφανον.

Στ.   ἐπὶ τί στέφανον; οἴμοι, Σώκρατες,
ὥσπερ με τὸν Ἀθάμανθ' ὅπως μὴ θύσετε.

Σω. οὔκ, ἀλλὰ ταῦτα πάντα τοὺς τελουμένους
ἡμεῖς ποοῦμεν.

Στ.   εἶτα δὴ τί κερδανῶ;

Σω. λέγειν γενήσει τρῖμμα, κρόταλον, παιπάλη.   260
ἀλλ' ἔχ' ἀτρεμεί.

Στ.   μὰ τὸν Δί' οὐ ψεύσει γέ με·
καταπαττόμενος γὰρ παιπάλη γενήσομαι.

243 ἔτριψεν RVp   248-9 ἢ secl. z: ὄμνυτ'; ἢ p   258 πάντα
ταῦτα p: πάντας ταῦτα z   261 ἀτρέμας p

ΝΕΦΕΛΑΙ

Σω. εὐφημεῖν χρὴ τὸν πρεσβύτην καὶ τῆς εὐχῆς ἐπακούειν.
ὦ δέσποτ' ἄναξ, ἀμέτρητ' Ἀήρ, ὃς ἔχεις τὴν γῆν μετέωρον,
λαμπρός τ' Αἰθήρ, σεμναί τε θεαὶ Νεφέλαι βροντησικέραυ-
νοι,   265
ἄρθητε, φάνητ', ὦ δέσποιναι, τῷ φροντιστῇ μετέωροι.

Στ. μήπω, μήπω γε, πρὶν ἂν τουτὶ πτύξωμαι, μὴ καταβρεχθῶ.
τὸ δὲ μηδὲ κυνῆν οἴκοθεν ἐλθεῖν ἐμὲ τὸν κακοδαίμον'
ἔχοντα.

Σω. ἔλθετε δῆτ', ὦ πολυτίμητοι Νεφέλαι, τῷδ' εἰς ἐπίδειξιν·
εἴτ' ἐπ' Ὀλύμπου κορυφαῖς ἱεραῖς χιονοβλήτοισι κάθησθε,
εἴτ' Ὠκεανοῦ πατρὸς ἐν κήποις ἱερὸν χορὸν ἵστατε Νύμ-
φαις,   271
εἴτ' ἄρα Νείλου προχοαῖς ὑδάτων χρυσέαις ἀρύτεσθε
πρόχοισιν,
ἢ Μαιῶτιν λίμνην ἔχετ' ἢ σκόπελον νιφόεντα Μίμαντος·
ὑπακούσατε δεξάμεναι θυσίαν καὶ τοῖς ἱεροῖσι χαρεῖσαι.

ΧΟΡΟΣ

ἀέναοι Νεφέλαι,   στρ. 275
ἀρθῶμεν φανεραὶ δροσερὰν φύσιν εὐάγητον   276/7
πατρὸς ἀπ' Ὠκεανοῦ βαρυαχέος
ὑψηλῶν ὀρέων κορυφὰς ἔπι
δενδροκόμους, ἵνα   280
τηλεφανεῖς σκοπιὰς ἀφορώμεθα
καρπούς τ' ἀρδομέναν ἱερὰν χθόνα
καὶ ποταμῶν ζαθέων κελαδήματα
καὶ πόντον κελάδοντα βαρύβρομον·
ὄμμα γὰρ αἰθέρος ἀκάματον σελαγεῖται   285/6

263 ὑπακούειν p   268 μὴ κυνῆν RVp test.: μὴ κυνέην z   κακο-
δαίμον' Rp: δύστηνον Vp   272 ἀρύτεσθε test.: ἀρύεσθε a
274 χαρεῖσαι Rp: φανεῖσαι Vp   277 εὐάητον R   282 κήπους
z   ἀρδομέναν θ' Rp

ΝΕΦΕΛΑΙ

μαρμαρέαισιν αὐγαῖς.
ἀλλ' ἀποσεισάμεναι νέφος ὄμβριον
ἀθανάτας ἰδέας ἐπιδώμεθα
τηλεσκόπῳ ὄμματι γαῖαν.   290

Σω. ὦ μέγα σεμναὶ Νεφέλαι, φανερῶς ἠκούσατέ μου καλέσαντος.
ἤσθου φωνῆς ἅμα καὶ βροντῆς μυκησαμένης θεοσέπτου;

Στ. καὶ σέβομαί γ', ὦ πολυτίμητοι, καὶ βούλομαι ἀνταποπαρδεῖν
πρὸς τὰς βροντάς· οὕτως αὐτὰς τετραμαίνω καὶ πεφόβημαι.
κεἰ θέμις ἐστίν, νυνί γ' ἤδη, κεἰ μὴ θέμις ἐστί, χεσείω.   295

Σω. οὐ μὴ σκώψει μηδὲ ποήσεις ἅπερ οἱ τρυγοδαίμονες οὗτοι,
ἀλλ' εὐφήμει· μέγα γάρ τι θεῶν κινεῖται σμῆνος ἀοιδαῖς.

Χο. παρθένοι ὀμβροφόροι,   ἀντ.
ἔλθωμεν λιπαρὰν χθόνα Παλλάδος, εὔανδρον γᾶν   299/300
Κέκροπος ὀψόμεναι πολυήρατον·
οὗ σέβας ἀρρήτων ἱερῶν, ἵνα
μυστοδόκος δόμος
ἐν τελεταῖς ἁγίαις ἀναδείκνυται·
οὐρανίοις τε θεοῖς δωρήματα,   305
ναοί θ' ὑψερεφεῖς καὶ ἀγάλματα,
καὶ πρόσοδοι μακάρων ἱερώταται
εὐστέφανοί τε θεῶν θυσίαι θαλίαι τε   308/9
παντοδαπαῖσιν ὥραις, .   310
ἦρί τ' ἐπερχομένῳ Βρομία χάρις
εὐκελάδων τε χορῶν ἐρεθίσματα
καὶ μοῦσα βαρύβρομος αὐλῶν.

Στ. πρὸς τοῦ Διός, ἀντιβολῶ σε, φράσον, τίνες εἰσ', ὦ Σώ-
κρατες, αὗται
αἱ φθεγξάμεναι τοῦτο τὸ σεμνόν; μῶν ἡρῶναί τινές εἰσιν;

287 μαρμαρέαις ἐν Rp : μαρμαρέαισιν ἐν p   289 ἀθανάταις ἰδέαις Vp
292 θεόσεπτον z   310 παντοδαπαῖσιν z: παντοδαπαῖς ἐν RVp:
παντοδαπαῖσιν ἐν p

Σω. ἥκιστ', ἀλλ' οὐράνιαι Νεφέλαι, μεγάλαι θεαὶ ἀνδράσιν
　　 ἀργοῖς,　　　　　　　　　　　　　　　　　　316
　　 αἵπερ γνώμην καὶ διάλεξιν καὶ νοῦν ἡμῖν παρέχουσιν
　　 καὶ τερατείαν καὶ περίλεξιν καὶ κροῦσιν καὶ κατάληψιν.

Στ. ταῦτ' ἄρ' ἀκούσασ' αὐτῶν τὸ φθέγμ' ἡ ψυχή μου πεπότηται
　　 καὶ λεπτολογεῖν ἤδη ζητεῖ καὶ περὶ καπνοῦ στενολεσχεῖν
　　 καὶ γνωμιδίῳ γνώμην νύξασ' ἑτέρῳ λόγῳ ἀντιλογῆσαι·
　　 ὥστ' εἴ πως ἐστίν, ἰδεῖν αὐτὰς ἤδη φανερῶς ἐπιθυμῶ. 322

Σω. βλέπε νυν δευρὶ πρὸς τὴν Πάρνηθ'· ἤδη γὰρ ὁρῶ κατιούσας
　　 ἡσυχῇ αὐτάς.

Στ.　　　　　　 φέρε ποῦ; δεῖξον.

Σω.　　　　　　　　　　　χωροῦσ' αὗται πάνυ πολλαὶ
　　 διὰ τῶν κοίλων καὶ τῶν δασέων, αὗται πλάγιαι.

Στ.　　　　　　　　　　　　　　τί τὸ χρῆμα;
　　 ὡς οὐ καθορῶ.

Σω.　　　　 παρὰ τὴν εἴσοδον.

Στ.　　　　　　　　　　　ἤδη νυνὶ μόλις οὕτως. 326

Σω. νῦν γέ τοι ἤδη καθορᾷς αὐτάς, εἰ μὴ λημᾷς κολοκύνταις.

Στ. νὴ Δί' ἔγωγ'. ὦ πολυτίμητοι· πάντα γὰρ ἤδη κατέχουσιν.

Σω. ταύτας μέντοι σὺ θεὰς οὔσας οὐκ ᾔδεις οὐδ' ἐνόμιζες;

Στ. μὰ Δί', ἀλλ' ὁμίχλην καὶ δρόσον αὐτὰς ἡγούμην καὶ καπνὸν
　　 εἶναι.　　　　　　　　　　　　　　　　　　　　330

Σω. οὐ γὰρ μὰ Δί' οἶσθ' ὁτιὴ πλείστους αὗται βόσκουσι σοφι-
　　 στάς,
　　 Θουριομάντεις, ἰατροτέχνας, σφραγιδονυχαργοκομήτας·
　　 κυκλίων τε χορῶν ἀσματοκάμπτας, ἄνδρας μετεωροφένα-
　　 κας,
　　 οὐδὲν δρῶντας βόσκουσ' ἀργούς, ὅτι ταύτας μουσοποοῦσιν.

324 ἡσυχῇ z: ἡσύχως a　　324 παρὰ Rp: πρὸς Vp　　οὕτως R: ὁρῶ
Vp: ἀθρῶ p

ΝΕΦΕΛΑΙ

Στ. ταῦτ' ἄρ' ἐποίουν "ὑγρᾶν Νεφελᾶν στρεπταίγλαν δάιον
    ὁρμάν", 335
"πλοκάμους θ' ἑκατογκεφάλα Τυφῶ" "πρημαινούσας τε
    θυέλλας",
εἶτ' "ἀερίας διεράς" "γαμψούς τ' οἰωνοὺς ἀερονηχεῖς"
"ὄμβρους θ' ὑδάτων δροσερᾶν νεφελᾶν"· εἶτ' ἀντ' αὐτῶν
    κατέπινον
κεστρᾶν τεμάχη μεγαλᾶν ἀγαθᾶν κρέα τ' ὀρνίθεια κιχηλᾶν.

Σω. διὰ μέντοι τάσδ'. οὐχὶ δικαίως;

Στ.   λέξον δή μοι, τί παθοῦσαι,
εἴπερ νεφέλαι γ' εἰσὶν ἀληθῶς, θνηταῖς εἴξασι γυναιξίν; 341
οὐ γὰρ ἐκεῖναί γ' εἰσὶ τοιαῦται.

Σω.   φέρε, ποῖαι γάρ τινές εἰσιν;

Στ. οὐκ οἶδα σαφῶς· εἴξασιν δ' οὖν ἐρίοισιν πεπταμένοισιν,
κοὐχὶ γυναιξίν, μὰ Δί', οὐδ' ὁτιοῦν· αὗται δὲ ῥῖνας ἔχουσιν.

Σω. ἀπόκριναί νυν ἅττ' ἂν ἔρωμαι.

Στ.   λέγε νυν ταχέως ὅτι βούλει.

Σω. ἤδη ποτ' ἀναβλέψας εἶδες νεφέλην κενταύρῳ ὁμοίαν 346
ἢ παρδάλει ἢ λύκῳ ἢ ταύρῳ;

Στ.   νὴ Δί' ἔγωγ'. εἶτα τί τοῦτο;

Σω. γίγνονται πάνθ' ὅτι βούλονται· κᾆτ' ἢν μὲν ἴδωσι κομήτην
ἄγριόν τινα τῶν λασίων τούτων, οἷόνπερ τὸν Ξενοφάντου,
σκώπτουσαι τὴν μανίαν αὐτοῦ κενταύροις ἤκασαν αὐτάς.

Στ. τί γὰρ ἦν ἅρπαγα τῶν δημοσίων κατίδωσι Σίμωνα, τί
    δρῶσιν; 351

Σω. ἀποφαίνουσαι τὴν φύσιν αὐτοῦ λύκοι ἐξαίφνης ἐγένοντο.

Στ. ταῦτ' ἄρα, ταῦτα Κλεώνυμον αὗται τὸν ῥίψασπιν χθὲς
    ἰδοῦσαι,
ὅτι δειλότατον τοῦτον ἑώρων, ἔλαφοι διὰ τοῦτ' ἐγένοντο.

335 στραπταίγλαν z   337 τ' p: om. a   343 γοῦν V test.
348 ὅτι Rp: ὅσα Vp

Σω. καὶ νῦν γ' ὅτι Κλεισθένη εἶδον, ὁρᾷς, διὰ τοῦτ' ἐγένοντο
γυναῖκες.   355

Στ. χαίρετε τοίνυν, ὦ δέσποιναι· καὶ νῦν, εἴπερ τινὶ κἄλλῳ,
οὐρανομήκη ῥήξατε κἀμοὶ φωνήν, ὦ παμβασίλειαι.

Χο. χαῖρ', ὦ πρεσβῦτα παλαιογενές, θηρατὰ λόγων φιλομούσων.
σύ τε, λεπτοτάτων λήρων ἱερεῦ, φράζε πρὸς ἡμᾶς ὅτι χρή-
ζεις·   359
οὐ γὰρ ἂν ἄλλῳ γ' ὑπακούσαιμεν τῶν νῦν μετεωροσοφιστῶν
πλὴν ἢ Προδίκῳ, τῷ μὲν σοφίας καὶ γνώμης οὕνεκα, σοὶ δὲ
ὅτι βρενθύει τ' ἐν ταῖσιν ὁδοῖς καὶ τὠφθαλμὼ παραβάλλεις
κἀνυπόδητος κακὰ πόλλ' ἀνέχει κἀφ' ἡμῖν σεμνοπροσω-
πεῖς.   363

Στ. ὦ Γῆ, τοῦ φθέγματος, ὡς ἱερὸν καὶ σεμνὸν καὶ τερατῶδες.

Σω. αὗται γάρ τοι μόναι εἰσὶ θεαί, τἄλλα δὲ πάντ' ἐστὶ φλύαρος.

Στ. ὁ Ζεὺς δ' ὑμῖν, φέρε, πρὸς τῆς Γῆς, Οὐλύμπιος οὐ θεός ἐστιν;

Σω. ποῖος Ζεύς; οὐ μὴ ληρήσεις. οὐδ' ἐστὶ Ζεύς.

Στ.   τί λέγεις σύ;
ἀλλὰ τίς ὕει; τουτὶ γὰρ ἔμοιγ' ἀπόφηναι πρῶτον ἁπάντων.

Σω. αὗται δήπου· μεγάλοις δέ σ' ἐγὼ σημείοις αὐτὸ διδάξω.
φέρε, ποῦ γὰρ πώποτ' ἄνευ νεφελῶν ὕοντ' ἤδη τεθέασαι;
καίτοι χρῆν αἰθρίας ὕειν αὐτόν, ταύτας δ' ἀποδημεῖν.   371

Στ. νὴ τὸν Ἀπόλλω, τοῦτό γέ τοι τῷ νυνὶ λόγῳ εὖ προσέφυσας.
καίτοι πρότερον τὸν Δί' ἀληθῶς ᾤμην διὰ κοσκίνου οὐρεῖν.
ἀλλ' ὅστις ὁ βροντῶν ἐστι φράσον, τοῦθ' ὅ με ποιεῖ τετρα-
μαίνειν.

Σω. αὗται βροντῶσι κυλινδόμεναι.

Στ.   τῷ τρόπῳ, ὦ πάντα σὺ τολμῶν;

---

364 σεμνὸν Rp: τερπνὸν Vp   366 ἡμῖν RVp   372 τοῦτό γε
τοι δὴ τῷ νῦν z

NEΦΕΛΑΙ

Σω. ὅταν ἐμπλησθῶσ᾽ ὕδατος πολλοῦ κἀναγκασθῶσι φέρεσθαι
κατακριμνάμεναι πλήρεις ὄμβρου δι᾽ ἀνάγκην, εἶτα βαρεῖαι
εἰς ἀλλήλας ἐμπίπτουσαι ῥήγνυνται καὶ παταγοῦσιν.

Στ. ὁ δ᾽ ἀναγκάζων ἐστὶ τίς αὐτάς—οὐχ ὁ Ζεύς;—ὥστε φέρεσθαι;

Σω. ἥκιστ᾽, ἀλλ᾽ αἰθέριος δῖνος.

Στ.   Δῖνος; τουτί μ᾽ ἐλελήθει,   380
ὁ Ζεὺς οὐκ ὤν, ἀλλ᾽ ἀντ᾽ αὐτοῦ Δῖνος νυνὶ βασιλεύων.
ἀτὰρ οὐδέν πω περὶ τοῦ πατάγου καὶ τῆς βροντῆς μ᾽ ἐδί-
δαξας.

Σω. οὐκ ἤκουσάς μου τὰς νεφέλας ὕδατος μεστὰς ὅτι φημὶ
ἐμπιπτούσας εἰς ἀλλήλας παταγεῖν διὰ τὴν πυκνότητα;

Στ. φέρε, τουτὶ τῷ χρὴ πιστεύειν;

Σω.   ἀπὸ σαυτοῦ ᾽γώ σε διδάξω.
ἤδη ζωμοῦ Παναθηναίοις ἐμπλησθεὶς εἶτ᾽ ἐταράχθης   386
τὴν γαστέρα καὶ κλόνος ἐξαίφνης αὐτὴν διεκορκορύγησεν;

Στ. νὴ τὸν Ἀπόλλω, καὶ δεινὰ ποεῖ γ᾽ εὐθύς μοι καὶ τετάρακται,
χὤσπερ βροντὴ τὸ ζωμίδιον παταγεῖ καὶ δεινὰ κέκραγεν,
ἀτρέμας πρῶτον, παππὰξ παππάξ, κἄπειτ᾽ ἐπάγει παπα-
παππάξ·   390
χὤταν χέζω, κομιδῇ βροντᾷ, παπαπαππάξ, ὥσπερ ἐκεῖναι.

Σω. σκέψαι τοίνυν ἀπὸ γαστριδίου τυννουτουὶ οἷα πέπορδας·
τὸν δ᾽ ἀέρα τόνδ᾽ ὄντ᾽ ἀπέραντον πῶς οὐκ εἰκὸς μέγα
βρονταν;
ταῦτ᾽ ἄρα καὶ τὠνόματ᾽ ἀλλήλοιν, "βροντή" καὶ "πορδή",
ὁμοίω.

Στ. ἀλλ᾽ ὁ κεραυνὸς πόθεν αὖ φέρεται λάμπων πυρί, τοῦτο
δίδαξον,   395
καὶ καταφρύγει βάλλων ἡμᾶς, τοὺς δὲ ζῶντας περιφλεύει.
τοῦτον γὰρ δὴ φανερῶς ὁ Ζεὺς ἵησ᾽ ἐπὶ τοὺς ἐπιόρκους.

384 ὑγρότητα V   394 in. Στ. V   395 in. Στ. om. Vp
396 περιφλεύει z : περιφλύει Rp : περιφλέγει Vp

ΝΕΦΕΛΑΙ

Σω. καὶ πῶς, ὦ μῶρε σὺ καὶ Κρονίων ὄζων καὶ βεκκεσέληνε,
εἴπερ βάλλει τοὺς ἐπιόρκους, δῆτ᾽ οὐχὶ Σίμων᾽ ἐνέπρησεν
οὐδὲ Κλεώνυμον οὐδὲ Θέωρον; καίτοι σφόδρα γ᾽ εἴσ᾽
ἐπίορκοι.   400
ἀλλὰ τὸν αὑτοῦ γε νεὼν βάλλει καὶ Σούνιον, ἄκρον Ἀθηνέων,
καὶ τὰς δρῦς τὰς μεγάλας, τί μαθών; οὐ γὰρ δὴ δρῦς γ᾽ ἐπι-
ορκεῖ.

Στ. οὐκ οἶδ᾽· ἀτὰρ εὖ σὺ λέγειν φαίνει. τί γάρ ἐστιν δῆθ᾽ ὁ
κεραυνός;

Σω. ὅταν εἰς ταύτας ἄνεμος ξηρὸς μετεωρισθεὶς κατακλεισθῇ,
ἔνδοθεν αὐτὰς ὥσπερ κύστιν φυσᾷ, κᾄπειθ᾽ ὑπ᾽ ἀνάγκης 405
ῥήξας αὐτὰς ἔξω φέρεται σοβαρὸς διὰ τὴν πυκνότητα,
ὑπὸ τοῦ ῥοίβδου καὶ τῆς ῥύμης αὐτὸς ἑαυτὸν κατακάων.

Στ. νὴ Δί᾽ ἐγὼ γοῦν ἀτεχνῶς ἔπαθον τουτί ποτε Διασίοισιν.
ὀπτῶν γαστέρα τοῖς συγγένεσιν κᾆτ᾽ οὐκ ἔσχων ἀμελήσας,
ἡ δ᾽ ἄρ᾽ ἐφυσᾶτ᾽, εἶτ᾽ ἐξαίφνης διαλακήσασα πρὸς αὐτὼ 410
τὠφθαλμώ μου προσετίλησεν καὶ κατέκαυσεν τὸ πρόσωπον.

Χο. ὦ τῆς μεγάλης ἐπιθυμήσας σοφίας ἄνθρωπε παρ᾽ ἡμῶν,
ὡς εὐδαίμων ἐν Ἀθηναίοις καὶ τοῖς Ἕλλησι γενήσει
εἰ μνήμων εἶ καὶ φροντιστὴς καὶ τὸ ταλαίπωρον ἔνεστιν
ἐν τῇ ψυχῇ καὶ μὴ κάμνεις μήθ᾽ ἑστὼς μήτε βαδίζων 415
μήτε ῥιγῶν ἄχθει λίαν μήτ᾽ ἀριστᾶν ἐπιθυμεῖς
οἴνου τ᾽ ἀπέχει καὶ γυμνασίων καὶ τῶν ἄλλων ἀνοήτων
καὶ βέλτιστον τοῦτο νομίζεις, ὅπερ εἰκὸς δεξιὸν ἄνδρα,
νικᾶν πράττων καὶ βουλεύων καὶ τῇ γλώττῃ πολεμίζων.

Στ. ἀλλ᾽ εἵνεκά γε ψυχῆς στερρᾶς δυσκολοκοίτου τε μερίμνης
καὶ φειδωλοῦ καὶ τρυσιβίου γαστρὸς καὶ θυμβρεπιδείπνου,
ἀμέλει, θαρρῶν εἵνεκα τούτων ἐπιχαλκεύειν παρέχοιμ᾽ ἄν.

401 Ἀθηνέων z: Ἀθηναίων RVp test. : Ἀθηνῶν p   409 ὤπτων Vp
test.   414 εἰ γὰρ μνήμων (Sch.) test.   416 μηδὲ ῥιγῶν ... μηδ᾽
ἀριστᾶν z

Σω. ἄλλο τι δῆτ᾽ οὐ νομιεῖς ἤδη θεὸν οὐδένα πλὴν ἅπερ ἡμεῖς,
τὸ Χάος τουτὶ καὶ τὰς Νεφέλας καὶ τὴν Γλῶτταν, τρία ταυτί;

Στ. οὐδ᾽ ἂν διαλεχθείην γ᾽ ἀτεχνῶς τοῖς ἄλλοις οὐδ᾽ ἂν ἀπαν-
τῶν,   425
οὐδ᾽ ἂν θύσαιμ᾽ οὐδ᾽ ἂν σπείσαιμ᾽ οὐδ᾽ ἐπιθείην λιβανωτόν.

Χο. λέγε νυν ἡμῖν ὅτι σοι δρῶμεν θαρρῶν, ὡς οὐκ ἀτυχήσεις
ἡμᾶς τιμῶν καὶ θαυμάζων καὶ ζητῶν δεξιὸς εἶναι.

Στ. ὦ δέσποιναι, δέομαι τοίνυν ὑμῶν τουτὶ πάνυ μικρόν,
τῶν Ἑλλήνων εἶναί με λέγειν ἑκατὸν σταδίοισιν ἄριστον.

Χο. ἀλλ᾽ ἔσται σοι τοῦτο παρ᾽ ἡμῶν, ὥστε τὸ λοιπόν γ᾽ ἀπὸ
τουδὶ   431
ἐν τῷ δήμῳ γνώμας οὐδεὶς νικήσει πλείονας ἢ σύ.

Στ. μή μοι γε λέγειν γνώμας μεγάλας· οὐ γὰρ τούτων ἐπιθυμῶ,
ἀλλ᾽ ὅσ᾽ ἐμαυτῷ στρεψοδικῆσαι καὶ τοὺς χρήστας δι-
ολισθεῖν.

Χο. τεύξει τοίνυν ὧν ἱμείρεις· οὐ γὰρ μεγάλων ἐπιθυμεῖς.   435
ἀλλὰ σεαυτὸν παράδος θαρρῶν τοῖς ἡμετέροις προπόλοισιν.

Στ. δράσω ταῦθ᾽ ὑμῖν πιστεύσας· ἡ γὰρ ἀνάγκη με πιέζει
διὰ τοὺς ἵππους τοὺς κοππατίας καὶ τὸν γάμον ὅς μ᾽ ἐπέ-
τριψεν.
νῦν οὖν [χρήσθων] ἀτεχνῶς ὅτι βούλονται
τουτὶ τό γ᾽ ἐμὸν σῶμ᾽ αὐτοῖσιν   440
παρέχω τύπτειν, πεινῆν, διψῆν,
αὐχμεῖν, ῥιγῶν, ἀσκὸν δείρειν,
εἴπερ τὰ χρέα διαφευξοῦμαι
τοῖς τ᾽ ἀνθρώποις εἶναι δόξω
θρασύς, εὔγλωττος, τολμηρός, ἴτης,   445
βδελυρός, ψευδῶν συγκολλητής,
εὑρησιεπής, περίτριμμα δικῶν,
κύρβις, κρόταλον, κίναδος, τρύμη,

423 οὐ p: οὖν Vp: om. R   ἤδη Rp: εἶναι Vp   439 χρήσθων secl. z

ΝΕΦΕΛΑΙ

μάσθλης, εἴρων, γλοιός, ἀλαζών,
κέντρων, μιαρός, στρόφις, ἀργαλέος,   450
ματιολοιχός.
ταῦτ' εἴ με καλοῦσ' ἀπαντῶντες,
δρώντων ἀτεχνῶς ὅτι χρήζουσιν·
κεἰ βούλονται,
νὴ τὴν Δήμητρ' ἔκ μου χορδὴν   455
τοῖς φροντισταῖς παραθέντων.

Χο. λῆμα μὲν πάρεστι τῷδέ γ'
    οὐκ ἄτολμον ἀλλ' ἕτοιμον.
  ἴσθι δ' ὡς
    ταῦτα μαθὼν παρ' ἐμοῦ κλέος οὐρανόμηκες   460/1
  ἐν βροτοῖσιν ἕξεις.

Στ. τί πείσομαι;

Χο.   τὸν πάντα χρόνον μετ' ἐμοῦ
  ζηλωτότατον βίον ἀν-
    θρώπων διάξεις.   465

Στ. ἀρά γε τοῦτ' ἄρ' ἐγώ ποτ'
    ὄψομαι;

Χο.   ὥστε γέ σου
  πολλοὺς ἐπὶ ταῖσι θύραις
    ἀεὶ καθῆσθαι,
  βουλομένους ἀνακοινοῦ-   470
    σθαί τε καὶ εἰς λόγον ἐλθεῖν
  πράγματα κἀντιγραφὰς
    πολλῶν ταλάντων,
  ἄξια σῇ φρενὶ συμ-
    βουλευσομένους μετὰ σοῦ.   475

---

451 ματτυολοιχός z   457 Χο. (Sch.): Σω. **a**   463 Χο. (Sch.):
Σω. **a**   467 ἐπόψομαι test. Χο. Sch.: om. R: Σω. Vp
471 λόγον (Sch.): λόγους **a**

ΝΕΦΕΛΑΙ

ἀλλ' ἐγχείρει τὸν πρεσβύτην ὅτιπερ μέλλεις προδιδάσκειν
καὶ διακίνει τὸν νοῦν αὐτοῦ καὶ τῆς γνώμης ἀποπειρῶ.

Σω. ἄγε δή, κάτειπέ μοι σὺ τὸν σαυτοῦ τρόπον,
ἵν' αὐτὸν εἰδὼς ὅστις ἐστὶ μηχανὰς
ἤδη 'πὶ τούτοις πρὸς σὲ καινὰς προσφέρω. 480

Στ. τί δέ; τειχομαχεῖν μοι διανοεῖ, πρὸς τῶν θεῶν;

Σω. οὔκ, ἀλλὰ βραχέα σου πυθέσθαι βούλομαι,
εἰ μνημονικὸς εἶ.

Στ.   δύο τρόπω, νὴ τὸν Δία.
ἢν μέν γ' ὀφείληταί τι μοι, μνήμων πάνυ,
ἐὰν δ' ὀφείλω σχέτλιος, ἐπιλήσμων πάνυ. 485

Σω. ἔνεστι δῆτά σοι λέγειν ἐν τῇ φύσει;

Στ. λέγειν μὲν οὐκ ἔνεστ', ἀποστερεῖν δ' ἔνι.

Σω. πῶς οὖν δυνήσει μανθάνειν;

Στ.   ἀμέλει, καλῶς.

Σω. ἄγε νυν ὅπως, ὅταν τι προβάλωμαι σοφὸν
περὶ τῶν μετεώρων, εὐθέως ὑφαρπάσει. 490

Στ. τί δαί; κυνηδὸν τὴν σοφίαν σιτήσομαι;

Σω. ἄνθρωπος ἀμαθὴς οὑτοσὶ καὶ βάρβαρος.
δέδοικά σ', ὦ πρεσβῦτα, μὴ πληγῶν δέει.
φέρ' ἴδω, τί δρᾷς ἤν τις σε τύπτῃ;

Στ.   τύπτομαι,
κἄπειτ' ἐπισχὼν ὀλίγον ἐπιμαρτύρομαι· 495
εἶτ' αὖθις ἀκαρῆ διαλιπὼν δικάζομαι.

Σω. ἴθι νυν κατάθου θοἰμάτιον.

Στ.   ἠδίκηκά τι;

483 εἰ a: ἢ z   489 προβάλλωμαί σοι σοφὸν RV: προβάλω σοι
σοφὸν z

Σω. οὔκ, ἀλλὰ γυμνοὺς εἰσιέναι νομίζεται.

Στ. ἀλλ᾽ οὐχὶ φωράσων ἔγωγ᾽ εἰσέρχομαι.

Σω. κατάθου. τί ληρεῖς;

Στ. εἰπὲ δή νυν μοι τοδί·   500
ἢν ἐπιμελὴς ὦ καὶ προθύμως μανθάνω,
τῷ τῶν μαθητῶν ἐμφερὴς γενήσομαι;

Σω. οὐδὲν διοίσεις Χαιρεφῶντος τὴν φύσιν.

Στ. οἴμοι κακοδαίμων, ἡμιθνὴς γενήσομαι.

Σω. οὐ μὴ λαλήσεις, ἀλλ᾽ ἀκολουθήσεις ἐμοὶ   505
ἀνύσας τι δευρὶ θᾶττον.

Στ. εἰς τὼ χεῖρέ νυν
δός μοι μελιτοῦτταν πρότερον, ὡς δέδοικ᾽ ἐγὼ
εἴσω καταβαίνων ὥσπερ εἰς Τροφωνίου.

Σω. χώρει. τί κυπτάζεις ἔχων περὶ τὴν θύραν;

Χο. ἀλλ᾽ ἴθι χαίρων   510
τῆς ἀνδρείας εἵνεκα ταύτης.

εὐτυχία γένοιτο τἀν-
θρώπῳ ὅτι προήκων
εἰς βαθὺ τῆς ἡλικίας
νεωτέροις τὴν φύσιν αὑ-   515
τοῦ πράγμασιν χρωτίζεται
καὶ σοφίαν ἐπασκεῖ.

ὦ θεώμενοι, κατερῶ πρὸς ὑμᾶς ἐλευθέρως
τἀληθῆ, νὴ τὸν Διόνυσον τὸν ἐκθρέψαντά με.
οὕτω νικήσαιμί τ᾽ ἐγὼ καὶ νομιζοίμην σοφὸς   520
ὡς ὑμᾶς ἡγούμενος εἶναι θεατὰς δεξιοὺς

520 νικήσαιμί τ᾽ ἐγὼ z: νικήσαιμ᾽ ἔγωγε a

ΝΕΦΕΛΑΙ

καὶ ταύτην σοφώτατ' ἔχειν τῶν ἐμῶν κωμῳδιῶν
πρώτους ἠξίωσ' ἀναγεῦσ' ὑμᾶς, ἣ παρέσχε μοι
ἔργον πλεῖστον· εἶτ' ἀνεχώρουν ὑπ' ἀνδρῶν φορτικῶν
ἡττηθεὶς οὐκ ἄξιος ὤν. ταῦτ' οὖν ὑμῖν μέμφομαι   525
τοῖς σοφοῖς, ὧν οὕνεκ' ἐγὼ ταῦτ' ἐπραγματευόμην.
ἀλλ' οὐδ' ὣς ὑμῶν ποθ' ἑκὼν προδώσω τοὺς δεξιούς.
ἐξ ὅτου γὰρ ἐνθάδ' ὑπ' ἀνδρῶν, οὓς ἡδὺ καὶ λέγειν,
ὁ σώφρων τε χὠ καταπύγων ἄριστ' ἠκουσάτην,
κἀγώ, παρθένος γὰρ ἔτ' ἦν κοὐκ ἐξῆν πώ μοι τεκεῖν,   530
ἐξέθηκα, παῖς δ' ἑτέρα τις λαβοῦσ' ἀνείλετο,
ὑμεῖς δ' ἐξεθρέψατε γενναίως κἀπαιδεύσατε,
ἐκ τούτου μοι πιστὰ παρ' ὑμῶν γνώμης ἔσθ' ὅρκια.
νῦν οὖν Ἠλέκτραν κατ' ἐκείνην ἥδ' ἡ κωμῳδία
ζητοῦσ' ἦλθ', ἤν που 'πιτύχῃ θεαταῖς οὕτω σοφοῖς.   535
γνώσεται γάρ, ἤνπερ ἴδῃ, τἀδελφοῦ τὸν βόστρυχον.
ὡς δὲ σώφρων ἐστὶ φύσει σκέψασθ', ἥτις πρῶτα μὲν
οὐδὲν ἦλθε ῥαψαμένη σκύτινον καθειμένον
ἐρυθρὸν ἐξ ἄκρου, παχύ, τοῖς παιδίοις ἵν' ᾖ γέλως·
οὐδ' ἔσκωψεν τοὺς φαλακρούς, οὐδὲ κόρδαχ' εἵλκυσεν·   540
οὐδὲ πρεσβύτης ὁ λέγων τἄπη τῇ βακτηρίᾳ
τύπτει τὸν παρόντ', ἀφανίζων πονηρὰ σκώμματα·
οὐδ' εἰσῇξε δᾷδας ἔχουσ' οὐδ' "ἰοὺ ἰού" βοᾷ·
ἀλλ' αὑτῇ καὶ τοῖς ἔπεσιν πιστεύουσ' ἐλήλυθεν.
κἀγὼ μὲν τοιοῦτος ἀνὴρ ὢν ποιητὴς οὐ κομῶ,   545
οὐδ' ὑμᾶς ζητῶ 'ξαπατᾶν δὶς καὶ τρὶς ταῦτ' εἰσάγων,
ἀλλ' αἰεὶ καινὰς ἰδέας εἰσφέρων σοφίζομαι
οὐδὲν ἀλλήλαισιν ὁμοίας καὶ πάσας δεξιάς·
ὃς μέγιστον ὄντα Κλέων' ἔπαισ' εἰς τὴν γαστέρα
κοὐκ ἐτόλμησ' αὖθις ἐπεμπηδῆσ' αὐτῷ κειμένῳ·   550
οὗτοι δ', ὡς ἅπαξ παρέδωκεν λαβὴν Ὑπέρβολος,
τοῦτον δείλαιον κολετρῶσ' ἀεὶ καὶ τὴν μητέρα.
Εὔπολις μὲν τὸν Μαρικᾶν πρώτιστον παρείλκυσεν

528 οὓς z: οἷς a   533 ὑμῶν p: ὑμῖν a

ἐκστρέψας τοὺς ἡμετέρους Ἱππέας κακὸς κακῶς,
προσθεὶς αὐτῷ γραῦν μεθύσην τοῦ κόρδακος οὕνεχ᾽, ἣν 555
Φρύνιχος πάλαι πεπόηχ᾽, ἣν τὸ κῆτος ἤσθιεν.
εἶθ᾽ Ἕρμιππος αὖθις ἐποίησεν εἰς Ὑπέρβολον,
ἄλλοι τ᾽ ἤδη πάντες ἐρείδουσιν εἰς Ὑπέρβολον,
τὰς εἰκοὺς τῶν ἐγχέλεων τὰς ἐμὰς μιμούμενοι.
ὅστις οὖν τούτοισι γελᾷ, τοῖς ἐμοῖς μὴ χαιρέτω. 560
ἢν δ᾽ ἐμοὶ καὶ τοῖσιν ἐμοῖς εὐφραίνησθ᾽ εὑρήμασιν,
εἰς τὰς ὥρας τὰς ἑτέρας εὖ φρονεῖν δοκήσετε.

ὑψιμέδοντα μὲν θεῶν   στρ.
Ζῆνα τύραννον εἰς χορὸν
πρῶτα μέγαν κικλήσκω·   565
τόν τε μεγασθενῆ τριαίνης ταμίαν,
γῆς τε καὶ ἁλμυρᾶς θαλασ-
    σης ἄγριον μοχλευτήν·
καὶ μεγαλώνυμον ἡμέτερον πατέρ᾽
    Αἰθέρα σεμνότατον, βιοθρέμμονα πάντων·   570
τόν θ᾽ ἱππονώμαν, ὃς ὑπερ-
    λάμπροις ἀκτῖσιν κατέχει
γῆς πέδον, μέγας ἐν θεοῖς
ἐν θνητοῖσί τε δαίμων.

ὦ σοφώτατοι θεαταί, δεῦρο τὸν νοῦν προσέχετε·   575
ἠδικημέναι γὰρ ὑμῖν μεμφόμεσθ᾽ ἐναντίον.
πλεῖστα γὰρ θεῶν ἁπάντων ὠφελούσαις τὴν πόλιν
δαιμόνων ἡμῖν μόναις οὐ θύετ᾽ οὐδὲ σπένδετε,
αἵτινες τηροῦμεν ὑμᾶς. ἢν γὰρ ᾖ τις ἔξοδος
μηδενὶ ξὺν νῷ, τότ᾽ ἢ βροντῶμεν ἢ ψακάζομεν.   580
εἶτα τὸν θεοῖσιν ἐχθρὸν βυρσοδέψην Παφλαγόνα
ἡνίχ᾽ ᾑρεῖσθε στρατηγόν, τὰς ὀφρῦς ξυνήγομεν
κἀποοῦμεν δεινά, βροντὴ δ᾽ ἐρράγη δι᾽ ἀστραπῆς.
ἡ σελήνη δ᾽ ἐξέλειπεν τὰς ὁδούς, ὁ δ᾽ ἥλιος

τὴν θρυαλλίδ᾽ εἰς ἑαυτὸν εὐθέως ξυνελκύσας   585
οὐ φανεῖν ἔφασκεν ὑμῖν εἰ στρατηγήσοι Κλέων.
ἀλλ᾽ ὅμως εἵλεσθε τοῦτον· φασὶ γὰρ δυσβουλίαν
τῆδε τῇ πόλει προσεῖναι, ταῦτα μέντοι τοὺς θεούς,
ἅττ᾽ ἂν ὑμεῖς ἐξαμάρτητ᾽, ἐπὶ τὸ βέλτιον τρέπειν.
ὡς δὲ καὶ τοῦτο ξυνοίσει, ῥᾳδίως διδάξομεν.   590
ἢν Κλέωνα τὸν λάρον δώρων ἑλόντες καὶ κλοπῆς
εἶτα φιμώσητε τούτου τῷ ξύλῳ τὸν αὐχένα,
αὖθις εἰς τἀρχαῖον ὑμῖν, εἴ τι κἀξημάρτετε,
ἐπὶ τὸ βέλτιον τὸ πρᾶγμα τῇ πόλει ξυνοίσεται.

ἀμφί μοι αὖτε Φοῖβ᾽ ἄναξ   ἀντ. 595
Δήλιε, Κυνθίαν ἔχων
ὑψικέρατα πέτραν·
ἤ τ᾽ Ἐφέσου μάκαιρα πάγχρυσον ἔχεις
οἶκον, ἐν ᾧ κόραι σε Λυ-
δῶν μεγάλως σέβουσιν·   600
ἤ τ᾽ ἐπιχώριος ἡμετέρα θεὸς
αἰγίδος ἡνίοχος, πολιοῦχος Ἀθάνα·
Παρνασσίαν θ᾽ ὃς κατέχων
πέτραν σὺν πεύκαις σελαγεῖ
Βάκχαις Δελφίσιν ἐμπρέπων   605
κωμαστὴς Διόνυσος.

ἡνίχ᾽ ἡμεῖς δεῦρ᾽ ἀφορμᾶσθαι παρεσκευάσμεθα,
ἡ Σελήνη ξυντυχοῦσ᾽ ἡμῖν ἐπέστειλεν φράσαι
πρῶτα μὲν χαίρειν Ἀθηναίοισι καὶ τοῖς ξυμμάχοις·
εἶτα θυμαίνειν ἔφασκε. δεινὰ γὰρ πεπονθέναι   610
ὠφελοῦσ᾽ ὑμᾶς ἅπαντας οὐ λόγοις ἀλλ᾽ ἐμφανῶς·
πρῶτα μὲν τοῦ μηνὸς εἰς δᾷδ᾽ οὐκ ἔλαττον ἢ δραχμήν,
ὥστε καὶ λέγειν ἅπαντας ἐξιόντας ἑσπέρας
"μὴ πρίῃ, παῖ, δᾷδ᾽, ἐπειδὴ φῶς Σεληναίης καλόν."

586 στρατηγήσοι Π Sch. : στρατηγήσει a

ἄλλα τ' εὖ δρᾶν φησιν, ὑμᾶς δ' οὐκ ἄγειν τὰς ἡμέρας 615
οὐδὲν ὀρθῶς, ἀλλ' ἄνω τε καὶ κάτω κυδοιδοπᾶν,
ὥστ' ἀπειλεῖν φησιν αὐτῇ τοὺς θεοὺς ἑκάστοτε,
ἡνίκ' ἂν ψευσθῶσι δείπνου κἀπίωσιν οἴκαδε
τῆς ἑορτῆς μὴ τυχόντες κατὰ λόγον τῶν ἡμερῶν.
κᾆθ' ὅταν θύειν δέῃ, στρεβλοῦτε καὶ δικάζετε, 620
πολλάκις δ' ἡμῶν ἀγόντων τῶν θεῶν ἀπαστίαν,
ἡνίκ' ἂν πενθῶμεν ἢ τὸν Μέμνον' ἢ Σαρπηδόνα,
σπένδεθ' ὑμεῖς καὶ γελᾶτ'· ἀνθ' ὧν λαχὼν Ὑπέρβολος
τῆτες ἱερομνημονεῖν κἄπειθ' ὑφ' ἡμῶν τῶν θεῶν
τὸν στέφανον ἀφῃρέθη· μᾶλλον γὰρ οὕτως εἴσεται 625
κατὰ σελήνην ὡς ἄγειν χρὴ τοῦ βίου τὰς ἡμέρας.

Σω. μὰ τὴν Ἀναπνοήν, μὰ τὸ Χάος, μὰ τὸν Ἀέρα,
οὐκ εἶδον οὕτως ἄνδρ' ἄγροικον οὐδαμοῦ
οὐδ' ἄπορον οὐδὲ σκαιὸν οὐδ' ἐπιλήσμονα,
ὅστις σκαλαθυρμάτι' ἄττα μικρὰ μανθάνων 630
ταῦτ' ἐπιλέλησται πρὶν μαθεῖν. ὅμως γε μὴν
αὐτὸν καλῶ θύραζε δεῦρο πρὸς τὸ φῶς.
ποῦ Στρεψιάδης; ἔξει τὸν ἀσκάντην λαβών;

Στ. ἀλλ' οὐκ ἐῶσί μ' ἐξενεγκεῖν οἱ κόρεις.

Σω. ἀνύσας τι κατάθου καὶ πρόσεχε τὸν νοῦν.

Στ.   ἰδού. 635

Σω. ἄγε δή, τί βούλει πρῶτα νυνὶ μανθάνειν
ὧν οὐκ ἐδιδάχθης πώποτ' οὐδέν; εἰπέ μοι.
πότερον περὶ μέτρων ἢ περὶ ἐπῶν ἢ ῥυθμῶν;

Στ. περὶ τῶν μέτρων ἔγωγ'· ἔναγχος γάρ ποτε
ὑπ' ἀλφιταμοιβοῦ παρεκόπην διχοινίκῳ. 640

615 φησὶν ὑμᾶς δ' οὐκ p: φησὶν ὑμᾶς κοὐκ a: φασινκουκ[Π 624 ἀφ'
ἡμῶν V 628 οὐδαμοῦ ΠVp test. : οὐδένα Rp 637 Στ. οὐδέν.
Σω. εἰπέ μοι RV

ΝΕΦΕΛΑΙ

Σω. οὐ τοῦτ' ἐρωτῶ σ', ἀλλ' ὅτι κάλλιστον μέτρον
ἡγεῖ, πότερον τὸ τρίμετρον ἢ τὸ τετράμετρον;

Στ. ἐγὼ μὲν οὐδὲν πρότερον ἡμιέκτεω.

Σω. οὐδὲν λέγεις, ὦνθρωπε.

Στ.   περίδου νυν ἐμοὶ
εἰ μὴ τετράμετρόν ἐστιν ἡμιέκτεων.   645

Σω. εἰς κόρακας. ὡς ἄγροικος εἶ καὶ δυσμαθής.
ταχύ γ' ἂν δύναιο μανθάνειν περὶ ῥυθμῶν.

Στ. τί δέ μ' ὠφελήσουσ' οἱ ῥυθμοὶ πρὸς τἄλφιτα;

ω. πρῶτον μὲν εἶναι κομψὸν ἐν συνουσίᾳ,
ἐπαΐονθ' ὁποῖός ἐστι τῶν ῥυθμῶν   650
κατ' ἐνόπλιον, χὤποῖος αὖ κατὰ δάκτυλον.

Στ. κατὰ δάκτυλον; νὴ τὸν Δί', ἀλλ' οἶδ'.

Σω.   εἰπὲ δή.

Στ. [τίς ἄλλος ἀντὶ τουτουὶ τοῦ δακτύλου;]
πρὸ τοῦ μέν, ἔτ' ἐμοῦ παιδὸς ὄντος, οὑτοσί.

Σω. ἀγρεῖος εἶ καὶ σκαιός.

Στ.   οὐ γὰρ ὦζυρὲ   655
τούτων ἐπιθυμῶ μανθάνειν οὐδέν.

Σω.   τί δαί;

Στ. ἐκεῖν' ἐκεῖνο, τὸν ἀδικώτατον λόγον.

Σω. ἀλλ' ἕτερα δεῖ σε πρότερα τούτου μανθάνειν,
τῶν τετραπόδων ἅττ' ἐστὶν ὀρθῶς ἄρρενα.

Στ. ἀλλ' οἶδ' ἔγωγε τἄρρεν', εἰ μὴ μαίνομαι.   660
κριός, τράγος, ταῦρος, κύων, ἀλεκτρυών.

Σω. ὁρᾷς ἃ πάσχεις; τήν τε θήλειαν καλεῖς
ἀλεκτρυόνα κατὰ ταὐτὸ καὶ τὸν ἄρρενα.

647 τάχα δ' p   650 ἐπαΐειν θ' (Sch.): εἶτ' ἐπαΐειν Vp
653 secl. z   654 in. Στ. p   ἔτ' p: ἐπ' RVp: om. p

NEFEΛAI

Στ. πῶς δή, φέρε;

Σω.   πῶς; ἀλεκτρυὼν κἀλεκτρυών.

Στ. νὴ τὸν Ποσειδῶ. νῦν δὲ πῶς με χρὴ καλεῖν;   665

Σω. ἀλεκτρύαιναν, τὸν δ' ἕτερον ἀλέκτορα.

Στ. ἀλεκτρύαιναν; εὖ γε νὴ τὸν Ἀέρα·
    ὥστ' ἀντὶ τούτου τοῦ διδάγματος μόνου
    διαλφιτώσω σου κύκλῳ τὴν κάρδοπον.

Σω. ἰδοὺ μάλ' αὖθις, τοῦθ' ἕτερον. τὴν κάρδοπον   670
    ἄρρενα καλεῖς θήλειαν οὖσαν.

Στ.   τῷ τρόπῳ;
    ἄρρενα καλῶ 'γὼ κάρδοπον;

Σω.   μάλιστά γε,
    ὥσπερ γε καὶ Κλεώνυμον.

Στ.   πῶς δή; φράσον.

Σω. ταὐτὸν δύναταί σοι κάρδοπος Κλεωνύμῳ.

Στ. ἀλλ' ὦ 'γάθ', οὐδ' ἦν κάρδοπος Κλεωνύμῳ,   675
    ἀλλ' ἐν θυείᾳ στρογγύλῃ γ' ἀνεμάττετο.
    ἀτὰρ τὸ λοιπὸν πῶς με χρὴ καλεῖν;

Σω.   ὅπως;
    τὴν καρδόπην, ὥσπερ καλεῖς τὴν Σωστράτην.

Στ. τὴν καρδόπην θήλειαν;

Σω.   ὀρθῶς γὰρ λέγεις.

Στ. ἐκεῖνο †δ' ἦν ἄν†· καρδόπη, Κλεωνύμη.   680

Σω. ἔτι δέ γε περὶ τῶν ὀνομάτων μαθεῖν σε δεῖ,
    ἅττ' ἄρρεν' ἐστίν, ἅττα δ' αὐτῶν θήλεα.

Στ. ἀλλ' οἶδ' ἔγωγ' ἃ θήλε' ἐστίν.

664 φέρ'; Σω. ὅπως; z: φέρε, πῶς; Σω. z   679 Σω. z: om. a
ὀρθότερον λέγεις p   680 Στ. om. RVp: Σω. p   ἐκεῖνο δ' ἦν ἄν
susp. z: ἐκεῖν' ἄρ' ἂν εἴη z

ΝΕΦΕΛΑΙ

Σω.   εἰπὲ δή.

Στ. Λύσιλλα, Φίλιννα, Κλειταγόρα, Δημητρία.

Σω. ἄρρενα δὲ ποῖα τῶν ὀνομάτων;

Στ.   μυρία.   685
    Φιλόξενος, Μελησίας, Ἀμεινίας.

Σω. ἀλλ' ὦ πόνηρε, ταῦτά γ' ἔστ' οὐκ ἄρρενα.

Στ. οὐκ ἄρρεν' ὑμῖν ἐστιν;

Σω.   οὐδαμῶς γ', ἐπεὶ
    πῶς γ' ἂν καλέσειας ἐντυχὼν Ἀμεινίᾳ;

Στ. ὅπως ἄν; ὡδί· δεῦρο δεῦρ', Ἀμεινία.   690

Σω. ὁρᾷς; γυναῖκα τὴν Ἀμεινίαν καλεῖς.

Στ. οὔκουν δικαίως, ἥτις οὐ στρατεύεται;
    ἀτὰρ τί ταῦθ' ἃ πάντες ἴσμεν μανθάνω;

Σω. οὐδὲν μὰ Δί', ἀλλὰ κατακλινεὶς δευρί—

Στ.   τί δρῶ;

Σω. ἐκφρόντισόν τι τῶν σεαυτοῦ πραγμάτων.   695

Στ. μὴ δῆθ', ἱκετεύω, 'νταῦθά γ', ἀλλ' εἴπερ γε χρή,
    χαμαί μ' ἔασον αὐτὰ ταῦτ' ἐκφροντίσαι.

Σω. οὐκ ἔστι παρὰ ταῦτ' ἄλλα.

Στ.   κακοδαίμων ἐγώ.
    οἵαν δίκην τοῖς κόρεσι δώσω τήμερον.

Χο. φρόντιζε δὴ καὶ διάθρει   στρ. 700
    πάντα τρόπον τε σαυτὸν
    στρόβει πυκνώσας. ταχὺς δ', ὅταν εἰς ἄπορον   702/3
    πέσῃς, ἐπ' ἄλλο πήδα
    νόημα φρενός· ὕπνος δ' ἀπέ-   705
    στω γλυκύθυμος ὀμμάτων.

688 ἡμῖν RVp   692 ὅστις p   696 'νταῦθά γ' z: σ' ἐνταῦθ'
RVp: σ' ἐνθάδ' p   700 Χο. (Sch.): Σω. a

Στ. ἀτταταῖ ἀτταταῖ.

Χο. τί πάσχεις; τί κάμνεις;

Στ. ἀπόλλυμαι δείλαιος. ἐκ τοῦ σκίμποδος
δάκνουσί μ᾽ ἐξέρποντες οἱ Κορίνθιοι,   710
καὶ τὰς πλευρὰς δαρδάπτουσιν
καὶ τὴν ψυχὴν ἐκπίνουσιν
καὶ τοὺς ὄρχεις ἐξέλκουσιν
καὶ τὸν πρωκτὸν διορύττουσιν,
καί μ᾽ ἀπολοῦσιν.   715

Χο. μή νυν βαρέως ἄλγει λίαν.

Στ. καὶ πῶς; ὅτε μου
φροῦδα τὰ χρήματα, φρούδη χροιά,
φρούδη ψυχή, φρούδη δ᾽ ἐμβάς,
καὶ πρὸς τούτοις ἔτι τοῖσι κακοῖς   720
φρουρᾶς ᾄδων
ὀλίγου φροῦδος γεγένημαι.

Σω. οὗτος τί ποιεῖς; οὐχὶ φροντίζεις;

Στ.   ἐγώ;
νὴ τὸν Ποσειδῶ.

Σω.   καὶ τί δῆτ᾽ ἐφρόντισας;

Στ. ὑπὸ τῶν κόρεων εἴ μου τι περιλειφθήσεται.   725

Σω. ἀπολεῖ κάκιστ᾽.

Στ.   ἀλλ᾽ ὦ ᾽γάθ᾽, ἀπόλωλ᾽ ἀρτίως.

Χο. οὐ μαλθακιστέ᾽ ἀλλὰ περικαλυπτέα.
ἐξευρετέος γὰρ νοῦς ἀποστερητικὸς
κἀπαιόλημ᾽.

Στ.   οἴμοι τίς ἂν δῆτ᾽ ἐπιβάλοι
ἐξ ἀρνακίδων γνώμην ἀποστερητρίδα;   730

Σω. φέρε νυν ἀθρήσω πρῶτον, ὅτι δρᾷ, τουτονί.
οὗτος, καθεύδεις;

Στ.   μὰ τὸν Ἀπόλλω ᾽γὼ μὲν οὔ.

Σω. ἔχεις τι;

Στ.   μὰ Δί᾽ οὐ δῆτ᾽ ἔγωγ᾽.

Σω.   οὐδὲν πάνυ;

Στ. οὐδέν γε πλὴν ἢ τὸ πέος ἐν τῇ δεξιᾷ.

Σω. οὐκ ἐγκαλυψάμενος ταχέως τι φροντιεῖς;   735

Στ. περὶ τοῦ; σὺ γάρ μοι τοῦτο φράσον, ὦ Σώκρατες.

Σω. αὐτὸς ὅτι βούλει πρῶτος ἐξευρὼν λέγε.

Στ. ἀκήκοας μυριάκις ἁγὼ βούλομαι,
περὶ τῶν τόκων, ὅπως ἂν ἀποδῶ μηδενί.

Σω. ἴθι νυν καλύπτου, καὶ σχάσας τὴν φροντίδα   740
λεπτὴν κατὰ μικρὸν περιφρόνει τὰ πράγματα
ὀρθῶς διαιρῶν καὶ σκοπῶν.

Στ.   οἴμοι τάλας.

Σω. ἔχ᾽ ἀτρέμα· κἂν ἀπορῇς τι τῶν νοημάτων,
ἀφεὶς ἄπελθε, κᾆτα τῇ γνώμῃ πάλιν
κίνησον αὖθις αὐτὸ καὶ ζυγώθρισον.   745

Στ. ὦ Σωκρατίδιον φίλτατον.

Σω.   τί, ὦ γέρον;

Στ. ἔχω τόκου γνώμην ἀποστερητικήν.

Σω. ἐπίδειξον αὐτήν.

737 ἐξευρεῖν p   744 κᾆτα τῇ γνώμῃ z: κᾆτα τὴν γνώμην a: καὶ
κατὰ τὴν γνώμην z

Στ. εἰπὲ δή νυν μοι—

Σω. τὸ τί;

Στ. γυναῖκα φαρμακίδ᾽ εἰ πριάμενος Θετταλὴν
καθέλοιμι νύκτωρ τὴν σελήνην, εἶτα δὴ   750
αὐτὴν καθείρξαιμ᾽ εἰς λοφεῖον στρογγύλον
ὥσπερ κάτροπτον, κᾆτα τηροίην ἔχων.

Σω. τί δῆτα τοῦτ᾽ ἂν ὠφελήσειέν σ᾽;

Στ.   ὅτι
εἰ μηκέτ᾽ ἀνατέλλοι σελήνη μηδαμοῦ,
οὐκ ἂν ἀποδοίην τοὺς τόκους.

Σω.   ὁτιὴ τί δή;   755

Στ. ὁτιὴ κατὰ μῆνα τἀργύριον δανείζεται.

Σω. εὖ γ᾽. ἀλλ᾽ ἕτερον αὖ σοι προβαλῶ τι δεξιόν.
εἴ σοι γράφοιτο πεντετάλαντός τις δίκη,
ὅπως ἂν αὐτὴν ἀφανίσειας εἰπέ μοι.

Στ. ὅπως; ὅπως; οὐκ οἶδ᾽. ἀτὰρ ζητητέον.   760

Σω. μή νυν περὶ σαυτὸν εἴλλε τὴν γνώμην ἀεί,
ἀλλ᾽ ἀποχάλα τὴν φροντίδ᾽ εἰς τὸν ἀέρα
λινόδετον ὥσπερ μηλολόνθην τοῦ ποδός.

Στ. ηὕρηκ᾽ ἀφάνισιν τῆς δίκης σοφωτάτην,
ὥστ᾽ αὐτὸν ὁμολογεῖν σέ μοι.

Σω.   ποίαν τινά;   765

Στ. ἤδη παρὰ τοῖσι φαρμακοπώλαις τὴν λίθον
ταύτην ἑόρακας, τὴν καλήν, τὴν διαφανῆ,
ἀφ᾽ ἧς τὸ πῦρ ἅπτουσι;

Σω.   τὴν ὕαλον λέγεις;

Στ. ἔγωγε. [Σω.] φέρε, τί δῆτ᾽ ἄν, [Στ.] εἰ ταύτην λαβών,
ὁπότε γράφοιτο τὴν δίκην ὁ γραμματεύς,   770

769 Σω. et Στ. secl. z

ἀπωτέρω στὰς ὧδε πρὸς τὸν ἥλιον
τὰ γράμματ' ἐκτήξαιμι τῆς ἐμῆς δίκης;

Σω. σοφῶς γε νὴ τὰς Χάριτας.

Στ.   οἴμ', ὡς ἥδομαι
ὅτι πεντετάλαντος διαγέγραπταί μοι δίκη.

Σω. ἄγε δὴ ταχέως τουτὶ ξυνάρπασον.

Στ.   τὸ τί;   775

Σω. ὅπως ἀποστρέψαις ἂν ἀντιδικῶν δίκην,
μέλλων ὀφλήσειν, μὴ παρόντων μαρτύρων.

Στ. φαυλότατα καὶ ῥᾷστ'.

Σω.   εἰπὲ δή.

Στ.   καὶ δὴ λέγω.
εἰ πρόσθεν ἔτι μιᾶς ἐνεστώσης δίκης
πρὶν τὴν ἐμὴν καλεῖσθ' ἀπαγξαίμην τρέχων.   780

Σω. οὐδὲν λέγεις.

Στ.   νὴ τοὺς θεοὺς ἔγωγ', ἐπεὶ
οὐδεὶς κατ' ἐμοῦ τεθνεῶτος εἰσάξει δίκην.

Σω. ὑθλεῖς. ἄπερρ'. οὐκ ἂν διδαξαίμην σ' ἔτι.

Στ. ὁτιὴ τί; ναί, πρὸς τῶν θεῶν, ὦ Σώκρατες.

Σω. ἀλλ' εὐθὺς ἐπιλήθει σύ γ' ἅττ' ἂν καὶ μάθῃς.   785
ἐπεὶ τί νυνὶ πρῶτον ἐδιδάχθης; λέγε.

Στ. φέρ' ἴδω, τί μέντοι πρῶτον ἦν; τί πρῶτον ἦν;
τίς ἦν ἐν ᾗ ματτόμεθα μέντοι τἄλφιτα;
οἴμοι, τίς ἦν;

Σω.   οὐκ εἰς κόρακας ἀποφθερεῖ,
ἐπιλησμότατον καὶ σκαιότατον γερόντιον;   790

---

776 ἀποστρέψαιο (i.e. -ψαι') p   783 διδάξαιμ' ἄν z : διδάξαιμεν z
786 ἐδιδάσκου p

Στ. οἴμοι. τί οὖν δῆθ' ὁ κακοδαίμων πείσομαι;
ἀπὸ γὰρ ὀλοῦμαι μὴ μαθὼν γλωττοστροφεῖν.
ἀλλ' ὦ Νεφέλαι, χρηστόν τι συμβουλεύσατε.

Χο. ἡμεῖς μέν, ὦ πρεσβῦτα, συμβουλεύομεν,
εἴ σοι τις υἱός ἐστιν ἐκτεθραμμένος,   795
πέμπειν ἐκεῖνον ἀντὶ σαυτοῦ μανθάνειν.

Στ. ἀλλ' ἔστ' ἔμοιγ' υἱὸς καλός τε κἀγαθός·
ἀλλ' οὐκ ἐθέλει γὰρ μανθάνειν, τί ἐγὼ πάθω;

Χο. σὺ δ' ἐπιτρέπεις;

Στ.   εὐσωματεῖ γὰρ καὶ σφριγᾷ,
κἄστ' ἐκ γυναικῶν εὐπτέρων καὶ Κοισύρας.   800
ἀτὰρ μέτειμί γ' αὐτόν· ἢν δὲ μὴ θέλῃ,
οὐκ ἔσθ' ὅπως οὐκ ἐξελῶ 'κ τῆς οἰκίας.
ἀλλ' ἐπανάμεινόν μ' ὀλίγον εἰσελθὼν χρόνον.

Χο. ἆρ' αἰσθάνει πλεῖστα δι' ἡ-   ἀντ.
μᾶς ἀγάθ' αὐτίχ' ἕξων   805
μόνας θεῶν; ὡς ἕτοιμος ὅδ' ἐστὶν ἅπαν-
τα δρᾶν ὅσ' ἂν κελεύῃς.
σὺ δ' ἀνδρὸς ἐκπεπληγμένου
καὶ φανερῶς ἐπηρμένου
γνοὺς ἀπολάψεις ὅτι πλεῖστον δύνασαι   810/11
ταχέως· φιλεῖ γάρ πως τὰ τοι-
αῦθ' ἑτέρᾳ τρέπεσθαι.

Στ. οὔτοι μὰ τὴν Ὁμίχλην ἔτ' ἐνταυθοῖ μενεῖς,
ἀλλ' ἔσθι' ἐλθὼν τοὺς Μεγακλέους κίονας.   815

Φε. ὦ δαιμόνιε, τί χρῆμα πάσχεις, ὦ πάτερ;
οὐκ εὖ φρονεῖς, μὰ τὸν Δία τὸν Ὀλύμπιον.

800 καὶ V: om. R: τῶν p test.   810 ἀπολέψεις Sch.: ἀπολαύσαις p

Στ. ἰδού γ᾿ ἰδοὺ Δι᾿ Ὀλύμπιον. τῆς μωρίας·
τὸν Δία νομίζειν ὄντα τηλικουτονί.

Φε. τί δὲ τοῦτ᾿ ἐγέλασας ἐτεόν;

Στ.   ἐνθυμούμενος   820
ὅτι παιδάριον εἶ καὶ φρονεῖς ἀρχαιϊκά.
ὅμως γε μὴν πρόσελθ᾿, ἵν᾿ εἰδῇς πλείονα,
καί σοι φράσω τι πρᾶγμ᾿ ὃ [σὺ] μαθὼν ἀνὴρ ἔσει.
ὅπως δὲ τοῦτο μὴ διδάξεις μηδένα.

Φε. ἰδού. τί ἐστιν;

Στ.   ὤμοσας νυνὶ Δία.   825

Φε. ἔγωγ᾿.

Στ.   ὁρᾷς οὖν ὡς ἀγαθὸν τὸ μανθάνειν;
οὐκ ἔστιν, ὦ Φειδιππίδη, Ζεύς.

Φε.   ἀλλὰ τίς;

Στ. Δῖνος βασιλεύει τὸν Δι᾿ ἐξεληλακώς.

Φε. αἰβοῖ· τί ληρεῖς;

Στ.   ἴσθι τοῦθ᾿ οὕτως ἔχον.

Φε. τίς φησι ταῦτα;

Στ.   Σωκράτης ὁ Μήλιος   830
καὶ Χαιρεφῶν, ὃς οἶδε τὰ ψυλλῶν ἴχνη.

Φε. σὺ δ᾿ εἰς τοσοῦτον τῶν μανιῶν ἐλήλυθας
ὥστ᾿ ἀνδράσιν πείθει χολῶσιν;

Στ.   εὐστόμει
καὶ μηδὲν εἴπῃς φλαῦρον ἄνδρας δεξιοὺς
καὶ νοῦν ἔχοντας, ὧν ὑπὸ τῆς φειδωλίας   835
ἀπεκείρατ᾿ οὐδεὶς πώποτ᾿ οὐδ᾿ ἠλείψατο
οὐδ᾿ εἰς βαλανεῖον ἦλθε λουσόμενος· σὺ δὲ
ὥσπερ τεθνεῶτος καταλόει μου τὸν βίον.
ἀλλ᾿ ὡς τάχιστ᾿ ἐλθὼν ὑπὲρ ἐμοῦ μάνθανε.

819 τὸ Δία z   σ᾿ ὄντα p: ὄντα σε p   823 τι om. p   σὺ secl. z

ΝΕΦΕΛΑΙ

Φε. τί δ᾽ ἂν παρ᾽ ἐκείνων καὶ μάθοι χρηστόν τις ἄν;　840

Στ. ἄληθες; ὅσαπέρ ἐστιν ἀνθρώποις σοφά.
γνώσει δὲ σαυτὸν ὡς ἀμαθὴς εἶ καὶ παχύς.
ἀλλ᾽ ἐπανάμεινόν μ᾽ ὀλίγον ἐνταυθοῖ χρόνον.

Φε. οἴμοι· τί δράσω παραφρονοῦντος τοῦ πατρός;
πότερον παρανοίας αὐτὸν εἰσαγαγὼν ἕλω,　845
ἢ τοῖς σοροπηγοῖς τὴν μανίαν αὐτοῦ φράσω;

Στ. φέρ᾽ ἴδω, σὺ τοῦτον τίνα νομίζεις; εἰπέ μοι.

Φε. ἀλεκτρυόνα.

Στ. 　　　　καλῶς γε. ταυτηνὶ δὲ τί;

Φε. ἀλεκτρυόν᾽.

Στ. 　　　　ἄμφω ταὐτό; καταγέλαστος εἶ.
μή νυν τὸ λοιπόν, ἀλλὰ τήνδε μὲν καλεῖν　850
ἀλεκτρύαιναν, τουτονὶ δ᾽ ἀλέκτορα.

Φε. ἀλεκτρύαιναν; ταῦτ᾽ ἔμαθες τὰ δεξιὰ
εἴσω παρελθὼν ἄρτι παρὰ τοὺς γηγενεῖς;

Στ. χἄτερά γε πόλλ᾽· ἀλλ᾽ ὅτι μάθοιμ᾽ ἑκάστοτε
ἐπελανθανόμην ἂν εὐθὺς ὑπὸ πλήθους ἐτῶν.　855

Φε. διὰ ταῦτα δὴ καὶ θοἰμάτιον ἀπώλεσας;

Στ. ἀλλ᾽ οὐκ ἀπολώλεκ᾽, ἀλλὰ καταπεφρόντικα.

Φε. τὰς δ᾽ ἐμβάδας ποῖ τέτροφας, ὦ ᾽νόητε σύ;

Στ. ὥσπερ Περικλέης, εἰς τὸ δέον ἀπώλεσα.
ἀλλ᾽ ἴθι, βάδιζ᾽, ἴωμεν. εἶτα τῷ πατρὶ　860
πιθόμενος ἐξάμαρτε. κἀγώ τοι ποτὲ
οἶδ᾽ ἐξέτει σοι τραυλίσαντι πιθόμενος.
ὃν πρῶτον ὀβολὸν ἔλαβον ἡλιαστικόν,
τούτου ᾽πριάμην σοι Διασίοις ἁμαξίδα.

Φε. ἦ μὴν σὺ τούτοις τῷ χρόνῳ ποτ᾽ ἀχθέσει.　865

850 κάλει p　　855 ἂν om. Vp　　τῶν ἐτῶν RVp

ΝΕΦΕΛΑΙ

Στ. εὖ γ' ὅτι ἐπείσθης.

                δεῦρο δεῦρ' ὦ Σώκρατες,
ἔξελθ'· ἄγω γάρ σοι τὸν υἱὸν τουτονὶ
ἄκοντ' ἀναπείσας.

Σω.   νηπύτιος γάρ ἐστ' ἔτι
καὶ τῶν κρεμαστῶν οὐ τρίβων τῶν ἐνθάδε.

Φε. αὐτὸς τρίβων εἴης ἄν, εἰ κρέμαιό γε.   870

Στ. οὐκ εἰς κόρακας; καταρᾷ σὺ τῷ διδασκάλῳ;

Σω. ἰδοὺ κρέμαι'· ὡς ἠλίθιον ἐφθέγξατο
καὶ τοῖσι χείλεσιν διερρυηκόσιν.
πῶς ἂν μάθοι ποθ' οὗτος ἀπόφευξιν δίκης
ἢ κλῆσιν ἢ χαύνωσιν ἀναπειστηρίαν;   875
καίτοι ταλάντου τοῦτ' ἔμαθεν Ὑπέρβολος.

Στ. ἀμέλει δίδασκε. θυμόσοφός ἐστιν φύσει.
εὐθύς γε τοι παιδάριον ὂν τυννουτονὶ
ἔπλαττεν ἔνδον οἰκίας ναῦς τ' ἔγλυφεν
ἁμαξίδας τε †σκυτίνας ἠργάζετο   880
κἀκ τῶν σιδίων βατράχους ἐποίει, πῶς δοκεῖς;
ὅπως δ' ἐκείνω τὼ λόγω μαθήσεται,
τὸν κρείττον', ὅστις ἐστί, καὶ τὸν ἥττονα,
ὃς τἄδικα λέγων ἀνατρέπει τὸν κρείττονα·
ἐὰν δὲ μή, τὸν γοῦν ἄδικον πάσῃ τέχνῃ.   885

Σω. αὐτὸς μαθήσεται παρ' αὐτοῖν τοῖν λόγοιν·
ἐγὼ δ' ἀπέσομαι.

Στ.   τοῦτό νυν μέμνησ', ὅπως
πρὸς πάντα τὰ δίκαι' ἀντιλέγειν δυνήσεται.

869 κρεμαστῶν Sch. : κρεμαθρῶν a   872 κρέμαιο (i.e. -μαι') ὡς p :
κρέμαιό γ' ὡς a   880 συκίνας z   883 f. secl. z   884 τἄδικ'
ἀνατρέπει λέγων z   887 in. Στ. p   Στ. Sch. : om. a   γοῦν Vp :
δ' οὖν p

ΝΕΦΕΛΑΙ

Ο ΚΡΕΙΤΤΩΝ ΛΟΓΟΣ

χώρει δευρί· δεῖξον σαυτὸν
τοῖσι θεαταῖς καίπερ θρασὺς ὤν.   890

Ο ΗΤΤΩΝ ΛΟΓΟΣ

ἴθ' ὅποι χρῄζεις· πολὺ γάρ μᾶλλόν σ'
ἐν τοῖς πολλοῖσι λέγων ἀπολῶ.

Κρ. ἀπολεῖς σύ; τίς ὤν;

Ητ.   λόγος.

Κρ.   ἥττων γ' ὤν.

Ητ. ἀλλά σε νικῶ   894a
τὸν ἐμοῦ κρείττω φάσκοντ' εἶναι.   894b

Κρ. τί σοφὸν ποιῶν;   895

Ητ. γνώμας καινὰς ἐξευρίσκων.

Κρ. ταῦτα γὰρ ἀνθεῖ
διὰ τουτουσὶ τοὺς ἀνοήτους.

Ητ. οὔκ, ἀλλὰ σοφούς.

Κρ.   ἀπολῶ σε κακῶς.

Ητ. εἰπέ, τί ποιῶν;

Κρ.   τὰ δίκαια λέγων.   900

Ητ. ἀλλ' ἀνατρέψω ταῦτ' ἀντιλέγων·
οὐδὲ γὰρ εἶναι πάνυ φημὶ Δίκην.

Κρ. οὐκ εἶναι φῇς;

Ητ.   φέρε γάρ, ποῦ 'στίν;

Κρ. παρὰ τοῖσι θεοῖς.   904a

Ητ. πῶς δῆτα Δίκης οὔσης ὁ Ζεὺς   904b
οὐκ ἀπόλωλεν τὸν πατέρ' αὐτοῦ   905
δήσας;

889 etc. Κρ. et Ητ. z: Δι. et Αδ. **a**

Κρ.   αἰβοῖ, τουτὶ καὶ δὴ
χωρεῖ τὸ κακόν. δότε μοι λεκάνην.

Ητ. τυφογέρων εἶ κἀνάρμοστος.

Κρ. καταπύγων εἶ κἀναίσχυντος.

Ητ. ῥόδα μ' εἴρηκας.

Κρ.   καὶ βωμολόχος.   910

Ητ. κρίνεσι στεφανοῖς.

Κρ.   καὶ πατραλοίας.

Ητ. χρυσῷ πάττων μ' οὐ γιγνώσκεις.

Κρ. οὐ δῆτα πρὸ τοῦ γ', ἀλλὰ μολύβδῳ.

Ητ. νῦν δέ γε κόσμος τοῦτ' ἐστὶν ἐμοί.

Κρ. θρασὺς εἶ πολλοῦ.

Ητ.   σὺ δέ γ' ἀρχαῖος.   915

Κρ. διὰ σὲ δὲ φοιτᾶν
οὐδεὶς ἐθέλει τῶν μειρακίων.
καὶ γνωσθήσει ποτ' Ἀθηναίοις
οἷα διδάσκεις τοὺς ἀνοήτους.

Ητ. αὐχμεῖς αἰσχρῶς.

Κρ.   σὺ δέ γ' εὖ πράττεις.   920
καίτοι πρότερόν γ' ἐπτώχευες,
Τήλεφος εἶναι Μυσὸς φάσκων
ἐκ πηριδίου
γνώμας τρώγων Πανδελετείους.

Ητ. ὤμοι σοφίας—

Κρ.   ὤμοι μανίας—   925

Ητ. ἧς ἐμνήσθης.

Κρ.   τῆς σῆς πόλεως θ'
ἥτις σε τρέφει
λυμαινόμενον τοῖς μειρακίοις.

918 καὶ p: om. RVp   925–6 sic RV: 925₁–926₁ 925₂–926₂ p

Ητ. οὐχὶ διδάξεις τοῦτον Κρόνος ὤν.

Κρ. εἴπερ γ' αὐτὸν σωθῆναι χρὴ   930
    καὶ μὴ λαλιὰν μόνον ἀσκῆσαι.

Ητ. δεῦρ' ἴθι, τοῦτον δ' ἔα μαίνεσθαι.

Κρ. κλαύσει, τὴν χεῖρ' ἢν ἐπιβάλλῃς.

Χο. παύσασθε μάχης καὶ λοιδορίας.
    ἀλλ' ἐπίδειξαι   935
    σύ τε τοὺς προτέρους ἅττ' ἐδίδασκες,
    σύ τε τὴν καινὴν   937ᵃ
    παίδευσιν, ὅπως ἂν ἀκούσας σφῷν   937ᵇ
    ἀντιλεγόντοιν κρίνας φοιτᾷ.

Κρ. δρᾶν ταῦτ' ἐθέλω.

Ητ.   κἄγωγ' ἐθέλω.

Χο. φέρε δή, πότερος λέξει πρότερος;   940

Ητ. τούτῳ δώσω·
    κᾆτ' ἐκ τούτων ὧν ἂν λέξῃ
    ῥηματίοισιν καινοῖς αὐτὸν
    καὶ διανοίαις κατατοξεύσω,
    τὸ τελευταῖον δ', ἢν ἀναγρύζῃ,   945
    τὸ πρόσωπον ἅπαν καὶ τὠφθαλμὼ
    κεντούμενος ὥσπερ ὑπ' ἀνθρηνῶν
    ὑπὸ τῶν γνωμῶν ἀπολεῖται.

Χο. νῦν δείξετον τὼ πισύνω   στρ.
    τοῖς περιδεξίοισιν   950
    λόγοισι καὶ φροντίσι καὶ
    γνωμοτύποις μερίμναις

936 γε RV   940 πότερος ΠR : τίς Vp   πρότερος z : πρότερον
Rp : πρότερον (vel -ρος) ὑμῶν Vp

ὁπότερος αὐτοῖν ἀμεί-
νων λέγων φανήσεται.
νῦν γὰρ ἅπας ἐνθάδε κίν-   955
δυνος ἀνεῖται σοφίας,
ἧς πέρι τοῖς ἐμοῖς φίλοις
ἐστὶν ἀγὼν μέγιστος.

ἀλλ' ὦ πολλοῖς τοὺς πρεσβυτέρους ἤθεσι χρηστοῖς στεφανώ-
σας,
ῥῆξον φωνὴν ᾗτινι χαίρεις καὶ τὴν σαυτοῦ φύσιν εἰπέ.   960

Κρ. λέξω τοίνυν τὴν ἀρχαίαν παίδευσιν ὡς διέκειτο,
ὅτ' ἐγὼ τὰ δίκαια λέγων ἤνθουν καὶ σωφροσύνη 'νενόμιστο.
πρῶτον μὲν ἔδει παιδὸς φωνὴν γρύξαντος μηδέν' ἀκοῦσαι·
εἶτα βαδίζειν ἐν ταῖσιν ὁδοῖς εὐτάκτως εἰς κιθαριστοῦ
τοὺς κωμήτας γυμνοὺς ἀθρόους, κεἰ κριμνώδη κατανείφοι.
εἶτ' αὖ προμαθεῖν ᾆσμ' ἐδίδασκεν τὼ μηρὼ μὴ ξυνέχοντας,
ἢ "Παλλάδα περσέπολιν δεινάν" ἢ "τηλέπορόν τι
βόαμα",   967
ἐντειναμένους τὴν ἁρμονίαν ἣν οἱ πατέρες παρέδωκαν.
εἰ δέ τις αὐτῶν βωμολοχεύσαιτ' ἢ κάμψειέν τινα καμπὴν   969
οἵας οἱ νῦν, τὰς κατὰ Φρῦνιν ταύτας τὰς δυσκολοκάμ-
πτους,   971
ἐπετρίβετο τυπτόμενος πολλὰς ὡς τὰς Μούσας ἀφανίζων.
ἐν παιδοτρίβου δὲ καθίζοντας τὸν μηρὸν ἔδει προβαλέσθαι
τοὺς παῖδας, ὅπως τοῖς ἔξωθεν μηδὲν δείξειαν ἀπηνές·
εἶτ' αὖ πάλιν αὖθις ἀνιστάμενον συμψῆσαι καὶ προνοεῖσθαι
εἴδωλον τοῖσιν ἐρασταῖσιν τῆς ἥβης μὴ καταλείπειν.   976
ἠλείψατο δ' ἂν τοὐμφαλοῦ οὐδεὶς παῖς ὑπένερθεν τότ' ἄν,
ὥστε

953–4 ὁπότερος αὐτοῖν ἀμείνων λέγων z : ὁπότερος αὐτοῖν λέγων ἀμείνων
a : λέγων ἀμείνων πότερος z   954 γενήσεται V   963 μηδὲν RV
test.   964 κιθαριστὰς RV   965 κρημνώδη ΠVp test.   966 ξυν-
έχοντα R   975 ἀνισταμένους Πp test.

ΝΕΦΕΛΑΙ

τοῖς αἰδοίοισι δρόσος καὶ χνοῦς ὥσπερ μήλοισιν ἐπήνθει.
οὐδ᾽ ἂν μαλακὴν φυρασάμενος τὴν φωνὴν πρὸς τὸν ἐραστὴν
αὐτὸς ἑαυτὸν προαγωγεύων τοῖν ὀφθαλμοῖν ἐβάδιζεν. 980
οὐδ᾽ ἀνελέσθαι δειπνοῦντ᾽ ἐξῆν κεφάλαιον τῆς ῥαφανῖδος,
οὐδ᾽ ἄννηθον τῶν πρεσβυτέρων ἁρπάζειν οὐδὲ σέλινον,
οὐδ᾽ ὀψοφαγεῖν οὐδὲ κιχλίζειν οὐδ᾽ ἴσχειν τὼ πόδ᾽ ἐναλλάξ.

Ητ. ἀρχαῖά γε καὶ Διπολιώδη καὶ τεττίγων ἀνάμεστα
καὶ Κηκείδου καὶ Βουφονίων.

Κρ.   ἀλλ᾽ οὖν ταῦτ᾽ ἐστὶν ἐκεῖνα 985
ἐξ ὧν ἄνδρας Μαραθωνομάχας ἡμὴ παίδευσις ἔθρεψεν.
σὺ δὲ τοὺς νῦν εὐθὺς ἐν ἱματίοισι διδάσκεις ἐντετυλίχθαι,
ὥστε μ᾽ ἀπάγχεσθ᾽ ὅταν ὀρχεῖσθαι Παναθηναίοις δέον
αὐτοὺς
τὴν ἀσπίδα τῆς κωλῆς προέχων ἀμελῇ τις Τριτογενείης.
πρὸς ταῦτ᾽, ὦ μειράκιον, θαρρῶν ἐμὲ τὸν κρείττω λόγον
αἱροῦ.   990
κἀπιστήσει μισεῖν ἀγορὰν καὶ βαλανείων ἀπέχεσθαι,
καὶ τοῖς αἰσχροῖς αἰσχύνεσθαι κἂν σκώπτῃ τίς σε φλέγεσθαι,
καὶ τῶν θάκων τοῖς πρεσβυτέροις ὑπανίστασθαι προσιοῦσιν,
καὶ μὴ περὶ τοὺς σαυτοῦ γονέας σκαιουργεῖν, ἄλλο τε μηδὲν
αἰσχρὸν ποιεῖν ὅτι τῆς Αἰδοῦς μέλλεις τἄγαλμ᾽ †ἀναπλή-
σειν†·   995
μηδ᾽ εἰς ὀρχηστρίδος εἰσάττειν, ἵνα μὴ πρὸς ταῦτα κεχηνὼς
μήλῳ βληθεὶς ὑπὸ πορνιδίου τῆς εὐκλείας ἀποθραυσθῇς,
μηδ᾽ ἀντειπεῖν τῷ πατρὶ μηδὲν μηδ᾽ Ἰαπετὸν καλέσαντα
μνησικακῆσαι τὴν ἡλικίαν ἐξ ἧς ἐνεοττοτροφήθης.

Ητ. εἰ ταῦτ᾽, ὦ μειράκιον, πείσει τούτῳ, νὴ τὸν Διόνυσον 1000
τοῖς Ἱπποκράτους υἱέσιν εἴξεις καί σε καλοῦσι βλιτομάμ-
μαν.

981 οὐδ᾽ ἂν ἑλέσθαι RVp test.   982 ἄννηθον z: ἄνηθον RVp test. :
ἂν ἄνηθον p   985 Κηδείδου z   989 κωλῆς a: αἰδοῦς test.
995 ἀναπλήσσειν p: ἀναπλάσσειν p: ἀμαλάπτειν z   999 τῆς ἡλικίας z

ΝΕΦΕΛΑΙ

Κρ. ἀλλ' οὖν λιπαρός γε καὶ εὐανθὴς ἐν γυμνασίοις διατρίψεις,
οὐ στωμύλλων κατὰ τὴν ἀγορὰν τριβολεκτράπελ', οἶάπερ οἱ
νῦν, 1003
οὐδ' ἑλκόμενος περὶ πραγματίου γλισχραντιλογεξεπιτρίπτου,
ἀλλ' εἰς Ἀκαδήμειαν κατιὼν ὑπὸ ταῖς μορίαις ἀποθρέξει
στεφανωσάμενος καλάμῳ λευκῷ μετὰ σώφρονος ἡλικιώτου,
σμίλακος ὄζων καὶ ἀπραγμοσύνης καὶ λεύκης †φυλλο-
βολούσης†,
ἦρος ἐν ὥρᾳ, χαίρων ὁπόταν πλάτανος πτελέᾳ ψιθυρίζῃ.
ἢν ταῦτα ποῇς ἀγὼ φράζω
καὶ πρὸς τούτοις προσέχῃς τὸν νοῦν 1010
ἕξεις αἰεὶ
στῆθος λιπαρόν, χροιὰν λαμπράν,
ὤμους μεγάλους, γλῶτταν βαιάν,
πυγὴν μεγάλην, πόσθην μικράν·
ἢν δ' ἅπερ οἱ νῦν ἐπιτηδεύῃς, 1015
πρῶτα μὲν ἕξεις
χροιὰν ὠχράν, ὤμους μικρούς,
στῆθος λεπτόν, γλῶτταν μεγάλην,
κωλῆν μικράν, ψήφισμα μακρόν,
καί σ' ἀναπείσει τὸ μὲν αἰσχρὸν ἅπαν 1020
καλὸν ἡγεῖσθαι, τὸ καλὸν δ' αἰσχρόν,
καὶ πρὸς τούτοις τῆς Ἀντιμάχου
καταπυγοσύνης ἀναπλήσει.

Χο. ὦ καλλίπυργον σοφίαν ἀντ.
κλεινοτάτην ἐπασκῶν, 1025
ὡς ἡδύ σου τοῖσι λόγοις
σῶφρον ἔπεστιν ἄνθος.

1005 καταθρέξεις V: ὑποθρέξει p   1007 φυλλοκομούσης z
1010 πρὸς τούτοισιν ἔχῃς z: τούτοισιν προσέχῃς z   1012 χροιὰν λευκήν
RVp   1017 μικρούς a: λευκούς Sch.: λεπτούς Sch.   1019 κωλῆν
μικράν z: πυγὴν μικράν (μεγάλην V), κωλῆν μεγάλην a

εὐδαίμονες ἄρ' ἦσαν οἱ ζῶντες τότε.

πρὸς τάδε σ', ὦ κομψοπρεπῆ μοῦσαν ἔχων,   1030/1
δεῖ σε λέγειν τι καινόν, ὡς
   ηὐδοκίμηκεν ἀνήρ.

δεινῶν δέ σοι βουλευμάτων ἔοικε δεῖν πρὸς αὐτόν,
εἴπερ τὸν ἄνδρ' ὑπερβαλεῖ καὶ μὴ γέλωτ' ὀφλήσεις.   1035

Ητ. καὶ μὴν πάλαι 'γὼ 'πνιγόμην τὰ σπλάγχνα κἀπεθύμουν
ἅπαντα ταῦτ' ἐναντίαις γνώμαισι συνταράξαι.
ἐγὼ γὰρ ἥττων μὲν λόγος δι' αὐτὸ τοῦτ' ἐκλήθην
ἐν τοῖσι φροντισταῖσιν, ὅτι πρώτιστος ἐπενόησα
τοῖσιν νόμοις καὶ ταῖς δίκαις τἀναντί' ἀντιλέξαι.   1040
καὶ τοῦτο πλεῖν ἢ μυρίων ἔστ' ἄξιον στατήρων,
αἱρούμενον τοὺς ἥττονας λόγους ἔπειτα νικᾶν.
σκέψαι δὲ τὴν παίδευσιν ᾗ πέποιθεν, ὡς ἐλέγξω,
ὅστις σε θερμῷ φησι λοῦσθαι πρῶτον οὐκ ἐάσειν.
καίτοι τίνα γνώμην ἔχων ψέγεις τὰ θερμὰ λουτρά;   1045
Κρ. ὁτιὴ κάκιστόν ἐστι καὶ δειλὸν ποεῖ τὸν ἄνδρα.
Ητ. ἐπίσχες· εὐθὺς γάρ σε μέσον ἔχω λαβὼν ἄφυκτον.
καί μοι φράσον· τῶν τοῦ Διὸς παίδων τίν' ἄνδρ' ἄριστον
ψυχὴν νομίζεις, εἰπέ, καὶ πλείστους πόνους πονῆσαι;
Κρ. ἐγὼ μὲν οὐδέν' Ἡρακλέους βελτίον ἄνδρα κρίνω.   1050
Ητ. ποῦ ψυχρὰ δῆτα πώποτ' εἶδες Ἡράκλεια λουτρά;
καίτοι τίς ἀνδρειότερος ἦν;
Κρ.   ταῦτ' ἐστί, ταῦτ', ἐκεῖνα
ἃ τῶν νεανίσκων ἀεὶ δι' ἡμέρας λαλούντων
πλῆρες τὸ βαλανεῖον ποιεῖ κενὰς δὲ τὰς παλαίστρας.

1028 ἄρ' ἦσαν p: δ' ἦσαν ἄρ RVp: δ' ἄρ' ἦσαν p   1029 τότε z:
τότ' ἐπὶ τῶν προτέρων a   1030 πρὸς τάδε σ' z: πρὸς οὖν τάδ' a
1036 πάλαι 'γὼ 'πνιγόμην z: ἔγωγ' ἐπνιγόμην RV: πάλαι (vel πάλ' vel
πάλαι γ') ἔγωγ' ἐπνιγόμην p   1040 τοῖσιν RV: καὶ τοῖς p: καὶ
τοῖσι p   1046 δειλὸν ποεῖ τὸν ἄνδρα p: δειλότατον ποεῖ τὸν ἄνδρα a:
δειλότατον ἄνδρα ποιεῖ z

Ητ. εἶτ᾽ ἐν ἀγορᾷ τὴν διατριβὴν ψέγεις, ἐγὼ δ᾽ ἐπαινῶ. 1055
εἰ γὰρ πονηρὸν ἦν, Ὅμηρος οὐδέποτ᾽ ἂν ἐποίει
τὸν Νέστορ᾽ ἀγορητὴν ἄν, οὐδὲ τοὺς σοφοὺς ἅπαντας.
ἄνειμι δῆτ᾽ ἐντεῦθεν εἰς τὴν γλῶτταν, ἣν ὁδὶ μὲν
οὔ φησι χρῆναι τοὺς νέους ἀσκεῖν, ἐγὼ δέ φημι.
καὶ σωφρονεῖν αὖ φησὶ χρῆναι, δύο κακὼ μεγίστω. 1060
ἐπεὶ σὺ διὰ τὸ σωφρονεῖν τῷ πώποτ᾽ εἶδες ἤδη
ἀγαθόν τι γενόμενον; φράσον, καί μ᾽ ἐξέλεγξον εἰπών.

Κρ. πολλοῖς. ὁ γοῦν Πηλεὺς ἔλαβε διὰ τοῦτο τὴν μάχαιραν.

Ητ. μάχαιραν; ἀστεῖόν γε κέρδος ἔλαβεν ὁ κακοδαίμων.
Ὑπέρβολος δ᾽ οὐκ τῶν λύχνων πλεῖν ἢ τάλαντα πολλὰ
εἴληφε διὰ πονηρίαν, ἀλλ᾽ οὐ μὰ Δί᾽ οὐ μάχαιραν. 1066

Κρ. καὶ τὴν Θέτιν γ᾽ ἔγημε διὰ τὸ σωφρονεῖν ὁ Πηλεύς.

Ητ. κᾆτ᾽ ἀπολιποῦσά γ᾽ αὐτὸν ᾤχετ᾽· οὐ γὰρ ἦν ὑβριστὴς
οὐδ᾽ ἡδὺς ἐν τοῖς στρώμασιν τὴν νύκτα παννυχίζειν·
γυνὴ δὲ σιναμωρουμένη χαίρει. σὺ δ᾽ εἶ Κρόνιππος. 1070
σκέψαι γάρ, ὦ μειράκιον, ἐν τῷ σωφρονεῖν ἅπαντα
ἄνεστιν, ἡδονῶν θ᾽ ὅσων μέλλεις ἀποστερεῖσθαι·
παίδων, γυναικῶν, κοττάβων, ὄψων, πότων, καχασμῶν.
καίτοι τί σοι ζῆν ἄξιον, τούτων ἐὰν στερηθῇς;
εἶέν. πάρειμ᾽ ἐντεῦθεν εἰς τὰς τῆς φύσεως ἀνάγκας. 1075
ἥμαρτες, ἠράσθης, ἐμοίχευσάς τι, κᾆτ᾽ ἐλήφθης.
ἀπόλωλας· ἀδύνατος γὰρ εἶ λέγειν. ἐμοὶ δ᾽ ὁμιλῶν
χρῶ τῇ φύσει, σκίρτα, γέλα, νόμιζε μηδὲν αἰσχρόν.
μοιχὸς γὰρ ἦν τύχῃς ἁλούς, τάδ᾽ ἀντερεῖς πρὸς αὐτόν,
ὡς οὐδὲν ἠδίκηκας· εἶτ᾽ εἰς τὸν Δί᾽ ἐπανενεγκεῖν, 1080
κἀκεῖνος ὡς ἥττων ἔρωτός ἐστι καὶ γυναικῶν·
καίτοι σὺ θνητὸς ὢν θεοῦ πῶς μεῖζον ἂν δύναιο;

Κρ. τί δ᾽ ἢν ῥαφανιδωθῇ πιθόμενός σοι τέφρα τε τιλθῇ;
ἕξει τινὰ γνώμην λέγειν τὸ μὴ εὐρύπρωκτος εἶναι;

1066 ἀλλὰ μὰ Δί᾽ οὐ p: ἀλλ᾽ οὐ μὰ Δία z   1067 γ᾽ RVp: δ᾽ p
1073 κιχλισμῶν Vp   1084 τίνα p

Ητ. ἢν δ' εὐρύπρωκτος ᾖ, τί πείσεται κακόν;   1085

Κρ. τί μὲν οὖν ἂν ἔτι μεῖζον πάθοι τούτου ποτέ;

Ητ. τί δῆτ' ἐρεῖς, ἢν τοῦτο νικηθῇς ἐμοῦ;

Κρ. σιγήσομαι. τί δ' ἄλλο;

Ητ.   φέρε δή μοι φράσον,
συνηγοροῦσιν ἐκ τίνων;

Κρ. ἐξ εὐρυπρώκτων.

Ητ.   πείθομαι.   1090
τί δαί; τραγῳδοῦσ' ἐκ τίνων;

Κρ. ἐξ εὐρυπρώκτων.

Ητ.   εὖ λέγεις.
δημηγοροῦσι δ' ἐκ τίνων;

Κρ. ἐξ εὐρυπρώκτων.

Ητ.   ἆρα δῆτ'
ἔγνωκας ὡς οὐδὲν λέγεις;   1095
καὶ τῶν θεατῶν ὁπότεροι πλείους σκόπει.

Κρ. καὶ δὴ σκοπῶ.

Ητ.   τί δῆθ' ὁρᾷς;

Κρ. πολὺ πλείονας, νὴ τοὺς θεούς,
τοὺς εὐρυπρώκτους. τουτονὶ
γοῦν οἶδ' ἐγὼ κἀκεινονὶ
καὶ τὸν κομήτην τουτονί.   1100

Ητ. τί δῆτ' ἐρεῖς;

Κρ. ἡττήμεθ'. ὦ κινούμενοι,
πρὸς τῶν θεῶν δέξασθέ μου θοἰμάτιον, ὡς
ἐξαυτομολῶ πρὸς ὑμᾶς.

1088 Ἀδ. (i.e. Ητ.) τί δ' ἄλλο φέρε RV   1093 δημηγοροῦσι δ' R :
δημαγωγοῦσι δ' p: καὶ δημαγωγοῦσ' p (1090–4 om. V)   1102 Δι.
(i.e. Κρ.) Φειδ. V   Φε. ὦ p   1103 Φε. p

ΝΕΦΕΛΑΙ

Ητ. τί δῆτα; πότερα τοῦτον ἀπάγεσθαι λαβὼν   1105
βούλει τὸν υἱόν, ἢ διδάσκω σοι λέγειν;

Στ. δίδασκε καὶ κόλαζε καὶ μέμνησ᾽ ὅπως
εὖ μοι στομώσεις αὐτόν, ἐπὶ μὲν θάτερα
οἷον δικιδίοις, τὴν δ᾽ ἑτέραν αὐτοῦ γνάθον
στόμωσον οἵαν εἰς τὰ μείζω πράγματα.   1110

Ητ. ἀμέλει, κομιεῖ τοῦτον σοφιστὴν δεξιόν.

Φε. ὠχρὸν μὲν οὖν οἶμαί γε καὶ κακοδαίμονα.

Χο. χωρεῖτέ νυν. οἶμαι δὲ σοὶ
ταῦτα μεταμελήσειν.

τοὺς κριτὰς ἃ κερδανοῦσιν, ἤν τι τόνδε τὸν χορὸν   1115
ὠφελῶσ᾽ ἐκ τῶν δικαίων, βουλόμεσθ᾽ ἡμεῖς φράσαι.
πρῶτα μὲν γάρ, ἢν νεᾶν βούλησθ᾽ ἐν ὥρᾳ τοὺς ἀγρούς,
ὕσομεν πρώτοισιν ὑμῖν, τοῖσι δ᾽ ἄλλοις ὕστερον.
εἶτα τὸν καρπὸν τεκούσας ἀμπέλους φυλάξομεν,
ὥστε μήτ᾽ αὐχμὸν πιέζειν μήτ᾽ ἄγαν ἐπομβρίαν.   1120
ἢν δ᾽ ἀτιμάσῃ τις ἡμᾶς θνητὸς ὢν οὔσας θεάς,
προσεχέτω τὸν νοῦν πρὸς ἡμῶν οἷα πείσεται κακά,
λαμβάνων οὔτ᾽ οἶνον οὔτ᾽ ἄλλ᾽ οὐδὲν ἐκ τοῦ χωρίου.
ἡνίκ᾽ ἂν γὰρ αἵ τ᾽ ἐλαῖαι βλαστάνωσ᾽ αἵ τ᾽ ἄμπελοι,
ἀποκεκόψονται· τοιαύταις σφενδόναις παιήσομεν.   1125
ἢν δὲ πλινθεύοντ᾽ ἴδωμεν, ὕσομεν καὶ τοῦ τέγους
τὸν κέραμον αὐτοῦ χαλάζαις στρογγύλαις συντρίψομεν.
κἂν γαμῇ ποτ᾽ αὐτὸς ἢ τῶν ξυγγενῶν ἢ τῶν φίλων,
ὕσομεν τὴν νύκτα πᾶσαν, ὥστ᾽ ἴσως βουλήσεται
κἂν ἐν Αἰγύπτῳ τυχεῖν ὢν μᾶλλον ἢ κρῖναι κακῶς.   1130

1105 *Ητ.* (Sch.) (Hyp.): *Σω.* **a**   1108 θατέραν p Sch.
1109 οἷον (Sch.) *p*: οἵαν **a**   1112 *Στ.* RVp   οἶμαί γε **p**: ἔγωγε RV
1113 *Χο.* *p*: *Φε.* RV: *Σω.* p: om. p   χώρει RVp   *Φε.* οἶμαι *p*
1116 ἡμεῖς RVᴅ: ὑμῖν p   1128 ἢ τῶν φίλων **a**: τις ἢ φίλων z

Στ. πέμπτη, τετράς, τρίτη· μετὰ ταύτην δευτέρα·
      εἶθ' ἣν ἐγὼ μάλιστα πασῶν ἡμερῶν
      δέδοικα καὶ πέφρικα καὶ βδελύττομαι,
      εὐθὺς μετὰ ταύτην ἔσθ' ἔνη τε καὶ νέα.
      πᾶς γάρ τις ὀμνύς, οἷς ὀφείλων τυγχάνω,   1135
      θείς μοι πρυτανεῖ' ἀπολεῖν μέ φησι κἀξολεῖν.
      κἀμοῦ μέτριά τε καὶ δίκαι' αἰτουμένου,
      "ὦ δαιμόνιε, τὸ μέν τι νυνὶ μὴ λάβῃς,
      τὸ δ' ἀναβαλοῦ μοι, τὸ δ' ἄφες", οὔ φασίν ποτε
      οὕτως ἀπολήψεσθ', ἀλλὰ λοιδοροῦσί με   1140
      ὡς ἄδικός εἰμι, καὶ δικάσεσθαί φασί μοι.
      νῦν οὖν δικαζέσθων. ὀλίγον γάρ μοι μέλει,
      εἴπερ μεμάθηκεν εὖ λέγειν Φειδιππίδης.
      τάχα δ' εἴσομαι κόψας τὸ φροντιστήριον.
      παῖ, ἠμί, παῖ, παῖ.

Σω.   Στρεψιάδην ἀσπάζομαι.   1145

Στ. κἄγωγέ σ'. ἀλλα τουτονὶ πρῶτον λαβέ.
      χρὴ γὰρ ἐπιθαυμάζειν τι τὸν διδάσκαλον.
      καί μοι τὸν υἱόν, εἰ μεμάθηκε τὸν λόγον
      ἐκεῖνον, εἴφ', ὃν ἀρτίως εἰσήγαγες.

Σω. μεμάθηκεν.

Στ.   εὖ γ', ὦ παμβασίλει' Ἀπαιόλη.   1150

Σω. ὥστ' ἀποφύγοις ἂν ἥντιν' ἂν βούλῃ δίκην.

Στ. κεἰ μάρτυρες παρῆσαν ὅτ' ἐδανειζόμην;

Σω. πολλῷ γε μᾶλλον, κἂν παρῶσι χίλιοι.

Στ. βοάσομαι τἄρα τὰν ὑπέρτονον
      βοάν. ἰώ, κλάετ' ὦ 'βολοστάται,   1155
      αὐτοί τε καὶ τἀρχαῖα καὶ τόκοι τόκων.
      οὐδὲν γὰρ ἄν με φλαῦρον ἐργάσαισθ' ἔτι,

1137 κἀμοῦ μέτριά τε *p*: ἐμοῦ μέτριά τε *a*: ἐμοῦ τε (vel δὲ) μέτρια *z*

NEΦΕΛΑΙ

οἷος ἐμοὶ τρέφεται
τοῖσδ' ἐνὶ δώμασι παῖς
ἀμφήκει γλώττῃ λάμπων,   1160
πρόβολος ἐμός, σωτὴρ δόμοις, ἐχθροῖς βλάβη,
λυσανίας πατρῴων μεγάλων κακῶν·
ὃν κάλεσον τρέχων ἔνδοθεν ὡς ἐμέ.   1163/4
ὦ τέκνον, ὦ παῖ, ἔξελθ' οἴκων,   1165
ἄϊε σοῦ πατρός.

Σω. ὅδ' ἐκεῖνος ἀνήρ.

Στ. ὦ φίλος, ὦ φίλος.

Σω. ἄπιθι λαβών.

Στ. ἰὼ ἰώ, τέκνον.   1170

ἰοῦ ἰοῦ.   1171a
ὡς ἥδομαί σου πρῶτα τὴν χροιὰν ἰδών.   1171b
νῦν μέν γ' ἰδεῖν εἶ πρῶτον ἐξαρνητικὸς
κἀντιλογικός, καὶ τοῦτο τοὐπιχώριον
ἀτεχνῶς ἐπανθεῖ, τὸ "τί λέγεις σύ;" καὶ δοκεῖν
ἀδικοῦντ' ἀδικεῖσθαι, καὶ κακουργοῦντ', οἶδ' ὅτι.   1175
ἐπὶ τοῦ προσώπου τ' ἐστὶν Ἀττικὸν βλέπος.
νῦν οὖν ὅπως σώσεις μ', ἐπεὶ κἀπώλεσας.

Φε. φοβεῖ δὲ δὴ τί;

Στ.   τὴν ἔνην τε καὶ νέαν.

Φε. ἕνη γάρ ἐστι καὶ νέα τις ἡμέρα;

Στ. εἰς ἥν γε θήσειν τὰ πρυτανεῖά φασί μοι.   1180

Φε. ἀπολοῦσ' ἄρ' αὖθ' οἱ θέντες. οὐ γάρ ἐσθ' ὅπως
μί' ἡμέρα γένοιτ' ἂν ἡμέραι δύο.

Στ. οὐκ ἂν γένοιτο;

1161 βλάβη RVp: ἀνιαρός p   1165 Σω. RVp   1169 λαβών
z: λαβὼν τὸν υἱόν σου RV: σὺ λαβών p: συλλαβών p   1176 secl. z
1179 τίς Vp   1182 ἡμέρα R

ΝΕΦΕΛΑΙ

Φε.   πῶς γάρ, εἰ μή περ γ᾽ ἅμα
αὐτὴ γένοιτ᾽ ἂν γραῦς τε καὶ νέα γυνή.

Στ. καὶ μὴν νενόμισταί γ᾽.

Φε.   οὐ γὰρ οἶμαι τὸν νόμον   1185
ἴσασιν ὀρθῶς ὅτι νοεῖ.

Στ.   νοεῖ δὲ τί;

Φε. ὁ Σόλων ὁ παλαιὸς ἦν φιλόδημος τὴν φύσιν.

Στ. τουτὶ μὲν οὐδέν πω πρὸς ἔνην τε καὶ νέαν.

Φε. ἐκεῖνος οὖν τὴν κλῆσιν εἰς δύ᾽ ἡμέρας
ἔθηκεν, εἴς γε την ἔνην τε καὶ νέαν,   1190
ἵν᾽ αἱ θέσεις γίγνοιντο τῇ νουμηνίᾳ.

Στ. ἵνα δὴ τί τὴν ἔνην προσέθηκεν;

Φε.   ἵν᾽, ὦ μέλε,
παρόντες οἱ φεύγοντες ἡμέρᾳ μιᾷ
πρότερον ἀπαλλάττοινθ᾽ ἑκόντες· εἰ δὲ μή,
ἕωθεν ὑπανιῷντο τῇ νουμηνίᾳ.   1195

Στ. πῶς οὐ δέχονται δῆτα τῇ νουμηνίᾳ
ἀρχαὶ τὰ πρυτανεῖ᾽, ἀλλ᾽ ἔνῃ τε καὶ νέᾳ;

Φε. ὅπερ οἱ προτένθαι γὰρ δοκοῦσί μοι παθεῖν·
ὅπως τάχιστα τὰ πρυτανεῖ᾽ ὑφελοίατο,
διὰ τοῦτο προυτένθευσαν ἡμέρᾳ μιᾷ.   1200

Στ. εὖ γ᾽. ὦ κακοδαίμονες, τί κάθησθ᾽ ἀβέλτεροι,
ἡμέτερα κέρδη τῶν σοφῶν, ὄντες λίθοι,
ἀριθμός, πρόβατ᾽ ἄλλως, ἀμφορῆς νενησμένοι;
ὥστ᾽ εἰς ἐμαυτὸν καὶ τὸν υἱὸν τουτονὶ
ἐπ᾽ εὐτυχίαισιν ἀστέον μοὐγκώμιον.   1205
"μάκαρ ὦ Στρεψιάδες
αὐτός τ᾽ ἔφυς, ὡς σοφός,

1184 γένοιτο γραῦς p test.   1192 προσέθηκ᾽ (i.e. -θηχ᾽) p
1198 ποεῖν RVp

ΝΕΦΕΛΑΙ

χοῖον τὸν υἱὸν τρέφεις",
φήσουσι δή μ' οἱ φίλοι χοἰ δημόται
ζηλοῦντες ἡνίκ' ἂν σὺ νι-   1210
κᾷς λέγων τὰς δίκας.
ἀλλ' εἰσάγων σε βούλομαι πρῶτον ἑστιᾶσαι.   1212/13

ΧΡΗΣΤΗΣ Α'

εἶτ' ἄνδρα τῶν αὑτοῦ τι χρὴ προϊέναι;
οὐδέποτέ γ', ἀλλὰ κρεῖττον εὐθὺς ἦν τότε   1215
ἀπερυθριᾶσαι μᾶλλον ἢ σχεῖν πράγματα,
ὅτε τῶν ἐμαυτοῦ γ' ἕνεκα νυνὶ χρημάτων
ἕλκω σε κλητεύσοντα, καὶ γενήσομαι
ἐχθρὸς ἔτι πρὸς τούτοισιν ἀνδρὶ δημότῃ.
ἀτὰρ οὐδέποτέ γε τὴν πατρίδα καταισχυνῶ   1220
ζῶν, ἀλλὰ καλοῦμαι Στρεψιάδην—

Στ.   τίς οὑτοσί;

Χρ.   —εἰς τὴν ἕνην τε καὶ νέαν.

Στ.   μαρτύρομαι
ὅτι εἰς δύ' εἶπεν ἡμέρας. τοῦ χρήματος;

Χρ.   τῶν δώδεκα μνῶν, ἃς ἔλαβες ὠνούμενος
τὸν ψαρὸν ἵππον.

Στ.   ἵππον; οὐκ ἀκούετε;   1225
ὃν πάντες ὑμεῖς ἴστε μισοῦνθ' ἱππικήν.

Χρ.   καὶ νὴ Δί' ἀποδώσειν γ' ἐπώμνυς τοὺς θεούς.

Στ.   μὰ τὸν Δί' οὐ γάρ πω τότ' ἐξηπίστατο
Φειδιππίδης μοι τὸν ἀκατάβλητον λόγον.

Χρ.   νῦν δὲ διὰ τοῦτ' ἔξαρνος εἶναι διανοεῖ;   1230

1208 ἐκτρέφεις p   1212 εἰσαγαγών p   1214 etc. χρηστής z:
δανειστής Rp: Πασίας δανειστής Vp   1228 τὸ χρέος ante Στ. RVp
μὰ τὸν Δί' p: μὰ Δί' a   οὐ δῆτ' οὐ γάρ πω τότ' (vel πώποτ') p

ΝΕΦΕΛΑΙ

Στ. τί γὰρ ἄλλ' ἂν ἀπολαύσαιμι τοῦ μαθήματος;

Χρ. καὶ ταῦτ' ἐθελήσεις ἀπομόσαι μοι τοὺς θεοὺς
ἵν' ἂν κελεύσω 'γώ σε;

Στ.   τοὺς ποίους θεούς;

Χρ. τὸν Δία, τὸν Ἑρμῆν, τὸν Ποσειδῶ.

Στ.   νὴ Δία,
κἂν προσκαταθείην γ', ὥστ' ὀμόσαι, τριώβολον.   1235

Χρ. ἀπόλοιο τοίνυν ἕνεκ' ἀναιδείας ἔτι.

Στ. ἁλσὶν διασμηχθεὶς ὄναιτ' ἂν οὑτοσί.

Χρ. οἴμ' ὡς καταγελᾷς.

Στ.   ἐξ χοᾶς χωρήσεται.

Χρ. οὗτοι μὰ τὸν Δία τὸν μέγαν καὶ τοὺς θεοὺς
ἐμοῦ καταπροίξει.

Στ.   θαυμασίως ἥσθην θεοῖς,   1240
καὶ Ζεὺς γελοῖος ὀμνύμενος τοῖς εἰδόσιν.

Χρ. ἦ μὴν σὺ τούτων τῷ χρόνῳ δώσεις δίκην.
ἀλλ' εἴτ' ἀποδώσεις μοι τὰ χρήματ' εἴτε μή,
ἀπόπεμψον ἀποκρινάμενος.

Στ.   ἔχε νυν ἥσυχος·
ἐγὼ γὰρ αὐτίκ' ἀποκρινοῦμαί σοι σαφῶς.   1245

Χρ. τί σοι δοκεῖ δράσειν; ἀποδώσειν σοι δοκεῖ;

Στ. ποῦ 'σθ' οὗτος ἀπαιτῶν με τἀργύριον; λέγε,
τουτὶ τί ἐστι;

Χρ.   τοῦθ' ὅτι ἐστί; κάρδοπος.

Στ. ἔπειτ' ἀπαιτεῖς ἀργύριον τοιοῦτος ὤν;
οὐκ ἂν ἀποδοίην οὐδ' ἂν ὀβολὸν οὐδενὶ   1250
ὅστις καλέσειε "κάρδοπον" τὴν καρδόπην.

1243 ἀλλ' εἴτε γ' p   μοι om. RVp   1246 Μαρτ. p Sch.   Μαρ.
ἀπο- Vp Sch.

Χρ. οὐκ ἄρ' ἀποδώσεις;

Στ.   οὐχ ὅσον γ' ἔμ' εἰδέναι.
οὔκουν ἀνύσας τι θᾶττον ἀπολιταργιεῖς
ἀπὸ τῆς θύρας;

Χρ.   ἄπειμι· καὶ τοῦτ' ἴσθ', ὅτι
θήσω πρυτανεῖ', ἢ μηκέτι ζῴην ἐγώ.   1255

Στ. προσαποβαλεῖς ἄρ' αὐτὰ πρὸς ταῖς δώδεκα.
καίτοι σε τοῦτό γ' οὐχὶ βούλομαι παθεῖν
ὁτιὴ 'κάλεσας εὐηθικῶς "τὴν κάρδοπον".

ΧΡΗΣΤΗΣ Β'

      ἰώ μοι μοι.   1259a

Στ. ἔα·   1259b
τίς οὑτοσί ποτ' ἔσθ' ὁ θρηνῶν; οὔ τι που   1260
τῶν Καρκίνου τις δαιμόνων ἐφθέγξατο;

Χρ. τί δ', ὅστις εἰμί, τοῦτο βούλεσθ' εἰδέναι;
ἀνὴρ κακοδαίμων.

Στ.   κατὰ σεαυτόν νυν τρέπου.

Χρ. ὦ σκληρὲ δαῖμον· ὦ τύχαι θραυσάντυγες
ἵππων ἐμῶν· ὦ Παλλάς, ὥς μ' ἀπώλεσας.   1265

Στ. τί δαί σε Τληπόλεμός ποτ' εἴργασται κακόν;

Χρ. μὴ σκῶπτέ μ', ὦ τᾶν, ἀλλά μοι τὰ χρήματα
τὸν υἱὸν ἀποδοῦναι κέλευσον ἅλαβεν,
ἄλλως τε μέντοι καὶ κακῶς πεπραγότι.

Στ. τὰ ποῖα ταῦτα χρήμαθ';

Χρ.   ἀδανείσατο.   1270

Στ. κακῶς ἄρ' ὄντως εἶχες, ὥς γ' ἐμοὶ δοκεῖς.

1254 καίτοι γ' ἴσθ' p   1260 τίς ἐσθ' ὁ θρηνῶν οὗτος RV
1269 γε RVp

ΝΕΦΕΛΑΙ

Χρ. ἵππους γ' ἐλαύνων ἐξέπεσον νὴ τοὺς θεούς.

Στ. τί δῆτα ληρεῖς ὥσπερ ἀπ' ὄνου καταπεσών;

Χρ. ληρῶ, τὰ χρήματ' ἀπολαβεῖν εἰ βούλομαι;

Στ. οὐκ ἔσθ' ὅπως σύ γ' αὐτὸς ὑγιαίνεις.

Χρ.   τί δαί;   1275

Στ. τὸν ἐγκέφαλον ὥσπερ σεσεῖσθαί μοι δοκεῖς.

Χρ. σὺ δὲ νὴ τὸν Ἑρμῆν προσκεκλήσεσθαί γ' ἐμοί,
ει μὴ 'ποδώσεις τἀργύριον.

Στ.   κάτειπέ νυν·
πότερα νομίζεις καινὸν αἰεὶ τὸν Δία
ὕειν ὕδωρ ἑκάστοτ', ἢ τὸν ἥλιον   1280
ἕλκειν κάτωθεν ταὐτὸ τοῦθ' ὕδωρ πάλιν;

Χρ. οὐκ οἶδ' ἔγωγ' ὁπότερον, οὐδέ μοι μέλει.

Στ. πῶς οὖν ἀπολαβεῖν τἀργύριον δίκαιος εἶ,
εἰ μηδὲν οἶσθα τῶν μετεώρων πραγμάτων;

Χρ. ἀλλ' εἰ †σπανίζεις τἀργυρίου μοι τὸν τόκον   1285
ἀπόδοτε†.

Στ.   τοῦτο δ' ἔσθ', ὁ τόκος, τί θηρίον;

Χρ. τί δ' ἄλλο γ' ἢ κατὰ μῆνα καὶ καθ' ἡμέραν
πλέον πλέον τἀργύριον αἰεὶ γίγνεται
ὑπορρέοντος τοῦ χρόνου;

Στ.   καλῶς λέγεις.
τί δῆτα; τὴν θάλατταν ἔσθ' ὅτι πλείονα   1290
νυνὶ νομίζεις ἢ πρὸ τοῦ;

Χρ.   μὰ Δί', ἀλλ' ἴσην.
οὐ γὰρ δίκαιον πλείον' εἶναι.

1273 ἀπὸ νοῦ Sch.   1285 ἀλλ' εἰ σπανίζετ' ἀργυρίου, τὸν γοῦν
τόκον z   1286 ἀπόδος p : ἀπόδος γε p

ΝΕΦΕΛΑΙ

Στ.   κᾆτα πῶς
αὕτη μέν, ὦ κακόδαιμον, οὐδὲν γίγνεται
ἐπιρρεόντων τῶν ποταμῶν πλείων, σὺ δὲ
ζητεῖς ποῆσαι τἀργύριον πλέον τὸ σόν;   1295
οὐκ ἀποδιώξει σαυτὸν ἀπὸ τῆς οἰκίας;
φέρε μοι τὸ κέντρον.

Χρ.   ταῦτ' ἐγὼ μαρτύρομαι.

Στ. ὕπαγε. τί μέλλεις; οὐκ ἐλᾷς, ὦ σαμφόρα;

Χρ. ταῦτ' οὐχ ὕβρις δῆτ' ἐστίν;

Στ.   ἄξεις; ἐπιαλῶ
κεντῶν ὑπὸ τὸν πρωκτόν σε τὸν σειραφόρον.   1300
φεύγεις; ἔμελλόν σ' ἄρα κινήσειν ἐγὼ
αὐτοῖς τροχοῖς τοῖς σοῖσι καὶ ξυνωρίσιν.

Χο. οἷον τὸ πραγμάτων ἐρᾶν φλαύρων· ὁ γὰρ   στρ.
     γέρων ὅδ' ἐρασθεὶς
ἀποστερῆσαι βούλεται   1305
τὰ χρήμαθ' ἁδανείσατο.
κοὔκ ἔσθ' ὅπως οὐ τήμερον
     λήψεταί τι πρᾶγμ' ὃ τοῦ-
     τον ποήσει τὸν σοφι-
     στὴν ὧν πανουργεῖν ἤρξατ' ἐξ-   1310a
     αίφνης †τι κακὸν λαβεῖν†.   1310b
οἶμαι γὰρ αὐτὸν αὐτίχ' εὑρήσειν ὅπερ   ἀντ.
πάλαι ποτ' ἐζήτει,
εἶναι τὸν υἱὸν δεινόν οἱ
γνώμας ἐναντίας λέγειν
τοῖσιν δικαίοις, ὥστε νι-   1315

1296 ἀποδιώξει z : ἀποδιώξεις a   ἐκ τῆς RVp   1297 Μάρτυς p
1298 Μάρτ. Sch.   Μάρτ. ante οὐκ ἐλᾷς Sch.   σαμφόρα p : Πασία RV
1299 ἄξεις z   1308 τι om. RVp   1310b κακὸν λαβεῖν τι z :
καλόν γ' ὄνασθαι z   1312 ἐπεζήτει RVp : ἐπήτει z : ἐπήει z

κἂν ἅπαντας, οἷσπερ ἂν
ξυγγένηται, κἂν λέγῃ
παμπόνηρ'. ἴσως δ' ἴσως
βουλήσεται
κἄφωνον αὐτὸν εἶναι.   1320

Στ. ἰοὺ ἰού.
ὦ γείτονες καὶ ξυγγενεῖς καὶ δημόται,
ἀμυνάθετέ μοι τυπτομένῳ πάσῃ τέχνῃ.
οἴμοι κακοδαίμων τῆς κεφαλῆς καὶ τῆς γνάθου.
ὦ μιαρέ, τύπτεις τὸν πατέρα;

Φε.   φήμ', ὦ πάτερ.   1325

Στ. ὁρᾶθ' ὁμολογοῦνθ' ὅτι με τύπτει;

Φε.   καὶ μάλα.

Στ. ὦ μιαρὲ καὶ πατραλοῖα καὶ τοιχωρύχε.

Φε. αὖθίς με ταὐτὰ ταῦτα καὶ πλείω λέγε.
ἆρ' οἶσθ' ὅτι χαίρω πόλλ' ἀκούων καὶ κακά;

Στ. ὦ λακκόπρωκτε.

Φε.   πάττε πολλοῖς τοῖς ῥόδοις.   1330

Στ. τὸν πατέρα τύπτεις;

Φε.   κἀποφανῶ γε νὴ Δία
ὡς ἐν δίκῃ σ' ἔτυπτον.

Στ.   ὦ μιαρώτατε,
καὶ πῶς γένοιτ' ἂν πατέρα τύπτειν ἐν δίκῃ;

Φε. ἔγωγ' ἀποδείξω καί σε νικήσω λέγων.

Στ. τουτὶ σὺ νικήσεις;

Φε.   πολύ γε καὶ ῥᾳδίως.   1335
ἑλοῦ δ' ὁπότερον τοῖν λόγοιν βούλει λέγειν.

Στ. ποίοιν λόγοιν;

Φε.   τὸν κρείττον' ἢ τὸν ἥττονα.

Στ.   ἐδιδαξάμην μέντοι σε νὴ Δί', ὦ μέλε,
τοῖσιν δικαίοις ἀντιλέγειν, εἰ ταῦτά γε
μέλλεις ἀναπείσειν, ὡς δίκαιον καὶ καλὸν   1340
τὸν πατέρα τύπτεσθ' ἐστὶν ὑπὸ τῶν υἱέων.

Φε.   ἀλλ' οἴομαι μέντοι σ' ἀναπείσειν, ὥστε γε
οὐδ' αὐτὸς ἀκροασάμενος οὐδὲν ἀντερεῖς.

Στ.   καὶ μὴν ὅτι καὶ λέξεις ἀκοῦσαι βούλομαι.

Χο.   σὸν ἔργον, ὦ πρεσβῦτα, φροντίζειν ὅπῃ   στρ. 1345
τὸν ἄνδρα κρατήσεις,
ὡς οὗτος, εἰ μή τῳ 'πεποίθειν, οὐκ ἂν ἦν
οὕτως ἀκόλαστος.
ἀλλ' ἔσθ' ὅτῳ θρασύνεται· δῆλόν ⟨γε τοι⟩
τὸ λῆμα τἀνθρώπου.   1350

ἀλλ' ἐξ ὅτου τὸ πρῶτον ἤρξαθ' ἡ μάχη γενέσθαι
ἤδη λέγειν χρὴ πρὸς χορόν· πάντως δὲ τοῦτο δράσεις.

Στ.   καὶ μὴν ὅθεν γε πρῶτον ἠρξάμεσθα λοιδορεῖσθαι
ἐγὼ φράσω. 'πειδὴ γὰρ εἰστιώμεθ', ὥσπερ ἴστε,
πρῶτον μὲν αὐτὸν τὴν λύραν λαβόντ' ἐγὼ 'κέλευσα   1355
ᾆσαι Σιμωνίδου μέλος, τὸν Κριόν, ὡς ἐπέχθη.
ὁ δ' εὐθέως ἀρχαῖον εἶν' ἔφασκε τὸ κιθαρίζειν
ᾄδειν τε πίνονθ', ὡσπερεὶ κάχρυς γυναῖκ' ἀλοῦσαν.

Φε.   οὐ γὰρ τότ' εὐθὺς χρῆν σ' ἀράττεσθαί τε καὶ πατεῖσθαι,
ᾄδειν κελεύονθ', ὡσπερεὶ τέττιγας ἑστιῶντα;   1360

1347 'πεποίθειν z: πεποίθει Rp: πέποιθεν Vp   1349 γε add. p
τοι add. z   1350 λῆμα z: λῆμ' ἐστὶ a   1359 ἀράττεσθαι z: ἄρα
τύπτεσθαι Rp: ἀλλὰ τύπτεσθαι Vp

Στ. τοιαῦτα μέντοι καὶ τότ' ἔλεγεν ἔνδον, οἷάπερ νῦν,
   καὶ τὸν Σιμωνίδην ἔφασκ' εἶναι κακὸν ποιητήν.
   κἀγὼ μόλις μέν, ἀλλ' ὅμως, ἠνεσχόμην τὸ πρῶτον.
   ἔπειτα δ' ἐκέλευσ' αὐτὸν ἀλλὰ μυρρίνην λαβόντα
   τῶν Αἰσχύλου λέξαι τί μοι. κᾆθ' οὗτος εὐθὺς εἶπεν·   1365
   " ἐγὼ γὰρ Αἰσχύλον νομίζω πρῶτον ἐν ποηταῖς—
   ψόφου πλέων, ἀξύστατον, στόμφακα, κρημνοποιόν."
   κἀνταῦθα πῶς οἴεσθέ μου τὴν καρδίαν ὀρεχθεῖν;
   ὅμως δὲ τὸν θυμὸν δακὼν ἔφην· "σὺ δ' ἀλλὰ τούτων
   λέξον τι τῶν νεωτέρων, ἅττ' ἐστὶ τὰ σοφὰ ταῦτα."   1370
   ὁ δ' εὐθὺς ἦγ' Εὐριπίδου ῥῆσίν τιν', ὡς ἐκίνει
   ἀδελφός, ὦ 'λεξίκακε, τὴν ὁμομητρίαν ἀδελφήν.
   κἀγὼ οὐκέτ' ἐξηνεσχόμην, ἀλλ' εὐθέως ἀράττω
   πολλοῖς κακοῖς καἰσχροῖσι. κᾆτ' ἐντεῦθεν, οἷον εἰκός,
   ἔπος πρὸς ἔπος ἠρειδόμεσθ'· εἶθ' οὗτος ἐπαναπηδᾷ,   1375
   κἄπειτ' ἔφλα με κἀσπόδει κἄπνιγε κἀπέτριβεν.

Φε. οὔκουν δικαίως, ὅστις οὐκ Εὐριπίδην ἐπαινεῖς,
   σοφώτατον;

Στ.   σοφώτατόν γ' ἐκεῖνον, ὦ—τί σ' εἴπω;
   ἀλλ' αὖθις αὖ τυπτήσομαι.

Φε.   νὴ τὸν Δί', ἐν δίκῃ γ' ἄν.

Στ. καὶ πῶς δικαίως; ὅστις ὦ 'ναίσχυντέ σ' ἐξέθρεψα   1380
   αἰσθανόμενός σου πάντα τραυλίζοντος, ὅτι νοοίης.
   εἰ μέν γε βρῦν εἴποις, ἐγὼ γνοὺς ἂν πιεῖν ἐπέσχον·
   μαμμᾶν δ' ἂν αἰτήσαντος, ἧκόν σοι φέρων ἂν ἄρτον·
   κακκᾶν δ' ἂν οὐκ ἔφθης φράσας, κἀγὼ λαβὼν θύραζε
   ἐξέφερον ἂν καὶ προυσχόμην σε. σὺ δέ με νῦν ἀπάγχων,
   βοῶντα καὶ κεκραγόθ' ὅτι   1386
      χεζητιώην, οὐκ ἔτλης
      ἔξω 'ξενεγκεῖν, ὦ μιαρέ,

1371 ἦγ' z: ᾖσ' Rp: ᾖσεν Vp   1373 εὐθέως ἀράττω Π: εὐθὺς
ἐξαράττω a   1376 κἀπέθλιβεν RV

θύραζέ μ', ἀλλὰ πνιγόμενος
αὐτοῦ 'πόησα κακκᾶν.   1390

Χο.   οἶμαί γε τῶν νεωτέρων τὰς καρδίας   ἀντ.
πηδᾶν ὅτι λέξει.
εἰ γὰρ τοιαῦτά γ' οὗτος ἐξειργασμένος
λαλῶν ἀναπείσει,
τὸ δέρμα τῶν γεραιτέρων λάβοιμεν ἂν   1395
ἀλλ' οὐδ' ἐρεβίνθου.

σὸν ἔργον, ὦ καινῶν ἐπῶν κινητὰ καὶ μοχλευτά,
πειθώ τινα ζητεῖν, ὅπως δόξεις λέγειν δίκαια.

Φε.   ὡς ἡδὺ καινοῖς πράγμασιν καὶ δεξιοῖς ὁμιλεῖν
καὶ τῶν καθεστώτων νόμων ὑπερφρονεῖν δύνασθαι.   1400
ἐγὼ γὰρ ὅτε μὲν ἱππικῇ τὸν νοῦν μόνῃ προσεῖχον,
οὐδ' ἂν τρί' εἰπεῖν ῥῆμαθ' οἷός τ' ἦν πρὶν ἐξαμαρτεῖν·
νυνὶ δ', ἐπειδή μ' οὑτοσὶ τούτων ἔπαυσεν αὐτός,
γνώμαις δὲ λεπταῖς καὶ λόγοις ξύνειμι καὶ μερίμναις,
οἶμαι διδάξειν ὡς δίκαιον τὸν πατέρα κολάζειν.   1405

Στ.   ἵππευε τοίνυν νὴ Δί', ὡς ἔμοιγε κρεῖττόν ἐστιν
ἵππων τρέφειν τέθριππον ἢ τυπτόμενον ἐπιτριβῆναι.

Φε.   ἐκεῖσε δ' ὅθεν ἀπέσχισάς με τοῦ λόγου μέτειμι,
καὶ πρῶτ' ἐρήσομαί σε τουτί· παῖδά μ' ὄντ' ἔτυπτες;

Στ.   ἔγωγέ σ', εὐνοῶν τε καὶ κηδόμενος.

Φε.   εἰπὲ δή μοι,   1410
οὐ κἀμὲ σοὶ δίκαιόν ἐστιν εὐνοεῖν ὁμοίως
τύπτειν τ', ἐπειδήπερ γε τοῦτ' ἔστ' εὐνοεῖν, τὸ τύπτειν;
πῶς γὰρ τὸ μὲν σὸν σῶμα χρὴ πληγῶν ἀθῷον εἶναι,
τοὐμὸν δὲ μή; καὶ μὴν ἔφυν ἐλεύθερός γε κἀγώ.

1401 τὸν νοῦν μόνῃ z : τὸν νοῦν μόνον R : τὸν νοῦν μου V : μόνῃ τὸν νοῦν p

ΝΕΦΕΛΑΙ

"κλάουσι παῖδες, πατέρα δ' οὐ κλάειν δοκεῖς;" 1415
φήσεις νομίζεσθαι σὺ παιδὸς τοῦτο τοὔργον εἶναι·
ἐγὼ δέ γ' ἀντείποιμ' ἂν ὡς δὶς παῖδες οἱ γέροντες.
εἰκός τε μᾶλλον τοὺς γέροντας ἢ νέους τι κλάειν,
ὅσῳπερ ἐξαμαρτάνειν ἧττον δίκαιον αὐτούς.

Στ. ἀλλ' οὐδαμοῦ νομίζεται τὸν πατέρα τοῦτο πάσχειν. 1420

Φε. οὔκουν ἀνὴρ ὁ τὸν νόμον θεὶς τοῦτον ἦν τὸ πρῶτον,
ὥσπερ σὺ κἀγώ, καὶ λέγων ἔπειθε τοὺς παλαιούς;
ἧττόν τι δῆτ' ἔξεστι κἀμοὶ καινὸν αὖ τὸ λοιπὸν
θεῖναι νόμον τοῖς υἱέσιν, τοὺς πατέρας ἀντιτύπτειν;
ὅσας δὲ πληγὰς εἴχομεν πρὶν τὸν νόμον τεθῆναι, 1425
ἀφίεμεν, καὶ δίδομεν αὐτοῖς προῖκα συγκεκόφθαι.
σκέψαι δὲ τοὺς ἀλεκτρυόνας καὶ τἄλλα τὰ βοτὰ ταυτί,
ὡς τοὺς πατέρας ἀμύνεται· καίτοι τί διαφέρουσιν
ἡμῶν ἐκεῖνοι, πλήν γ' ὅτι ψηφίσματ' οὐ γράφουσιν;

Στ. τί δῆτ', ἐπειδὴ τοὺς ἀλεκτρυόνας ἅπαντα μιμεῖ, 1430
οὐκ ἐσθίεις καὶ τὴν κόπρον κἀπὶ ξύλου καθεύδεις;

Φε. οὐ ταὐτόν, ὦ τᾶν, ἐστίν, οὐδ' ἂν Σωκράτει δοκοίη.

Στ. πρὸς ταῦτα μὴ τύπτ'· εἰ δὲ μή, σαυτόν ποτ' αἰτιάσει.

Φε. καὶ πῶς;

Στ.   ἐπεὶ σὲ μὲν δίκαιός εἰμ' ἐγὼ κολάζειν,
σὺ δ', ἢν γένηταί σοι, τὸν υἱόν.

Φε.   ἢν δὲ μὴ γένηται, 1435
μάτην ἐμοὶ κεκλαύσεται, σὺ δ' ἐγχανὼν τεθνήξεις.

Στ. ἐμοὶ μέν, ὦνδρες ἥλικες, δοκεῖ λέγειν δίκαια,
κἄμοιγε συγχωρεῖν δοκεῖ τούτοισι τἀπιεικῆ·
κλάειν γὰρ ἡμᾶς εἰκός ἐστ', ἢν μὴ δίκαια δρῶμεν.

1415 fin. Στ. τιὴ τί δή (vel sim.) p   1416 σὺ RVp: γε p   1418 μά-
λιστα Vp   νέους z: τοὺς νέους Rp: τοὺς νεωτέρους Vp   1431 καθίζεις
p test.   1436 τεθνήξεις z: τεθνήξει a test.

ΝΕΦΕΛΑΙ

Φε. σκέψαι δὲ χἀτέραν ἔτι γνώμην.

Στ.   ἀπὸ γὰρ ὀλοῦμαι. 1440

Φε. καὶ μὴν ἴσως γ' οὐκ ἀχθέσει παθὼν ἃ νῦν πέπονθας.

Στ. πῶς δή; δίδαξον γὰρ τί μ' ἐκ τούτων ἐπωφελήσεις.

Φε. τὴν μητέρ' ὥσπερ καὶ σὲ τυπτήσω.

Στ.   τί φῄς, τί φῇς σύ;
τοῦθ' ἕτερον αὖ μεῖζον κακόν.

Φε.   τί δ' ἢν ἔχων τὸν ἥττω
λόγον σε νικήσω λέγων   1445
τὴν μητέρ' ὡς τύπτειν χρεών;

Στ. τί δ' ἄλλο γ' ἤ, ταῦτ' ἢν ποῇς,
οὐδέν σε κωλύσει σεαυτὸν ἐμβαλεῖν
εἰς τὸ βάραθρον. μετὰ Σωκράτους   1449/50
καὶ τὸν λόγον τὸν ἥττω;

ταυτὶ δι' ὑμᾶς, ὦ Νεφέλαι, πέπονθ' ἐγώ,
ὑμῖν ἀναθεὶς ἅπαντα τἀμὰ πράγματα.

Χο. αὐτὸς μὲν οὖν σαυτῷ σὺ τούτων αἴτιος,
στρέψας σεαυτὸν εἰς πονηρὰ πράγματα.   1455

Στ. τί δῆτα ταῦτ' οὔ μοι τότ' ἠγορεύετε,
ἀλλ' ἄνδρ' ἄγροικον καὶ γέροντ' ἐπήρατε;

Χο. ἡμεῖς ποοῦμεν ταῦθ' ἑκάστοθ', ὅντιν' ἂν
γνῶμεν πονηρῶν ὄντ' ἐραστὴν πραγμάτων,
ἕως ἂν αὐτὸν ἐμβάλωμεν εἰς κακόν,   1460
ὅπως ἂν εἰδῇ τοὺς θεοὺς δεδοικέναι.

Στ. ὤμοι, πονηρά γ', ὦ Νεφέλαι, δίκαια δέ·
οὐ γάρ με χρῆν τὰ χρήμαθ' ἁδανεισάμην

1442 ὠφελήσεις p: ἔτ' ὠφελήσεις z   1447 ἤ, ταῦτ' ἢν z: ἢν ταυτ[
Rp: ἢν ταύτην V: ἢν ταῦτα p   1458 ἡμεῖς RV: ἀεὶ p   ὅντιν' ἀ[
z: ὅταν τινὰ RVp: ἄν τιν' οὖν p

ἀποστερεῖν. νῦν οὖν ὅπως, ὦ φίλτατε,
τὸν Χαιρεφῶντα τὸν μιαρὸν καὶ Σωκράτη   1465
ἀπολεῖς μετ' ἐμοῦ 'λθών, οἳ σὲ κἄμ' ἐξηπάτων.

Φε.   ἀλλ' οὐκ ἂν ἀδικήσαιμι τοὺς διδασκάλους.

Στ.   ναὶ ναί, καταιδέσθητι πατρῷον Δία.

Φε.   ἰδού γε Δία πατρῷον. ὡς ἀρχαῖος εἶ.
      Ζεὺς γάρ τις ἐστίν;

Στ.   ἐστίν.

Φε.   οὐκ ἔστ', οὔκ, ἐπεὶ   1470
      Δῖνος βασιλεύει, τὸν Δί' ἐξεληλακώς.

Στ.   οὐκ ἐξελήλακ', ἀλλ' ἐγὼ τοῦτ' ᾠόμην
      διὰ τουτονὶ τὸν δῖνον. ὤμοι δείλαιος,
      ὅτε καὶ σὲ χυτρεοῦν ὄντα θεὸν ἡγησάμην.

Φε.   ἐνταῦθα σαυτῷ παραφρόνει καὶ φληνάφα.   1475

Στ.   οἴμοι παρανοίας. ὡς ἐμαινόμην ἄρα
      ὅτ' ἐξέβαλον καὶ τοὺς θεοὺς διὰ Σωκράτη.
      ἀλλ', ὦ φίλ' Ἑρμῆ, μηδαμῶς θύμαινέ μοι,
      μηδέ μ' ἐπιτρίψῃς, ἀλλὰ συγγνώμην ἔχε
      ἐμοῦ παρανοήσαντος ἀδολεσχίᾳ.   1480
      καί μοι γενοῦ ξύμβουλος, εἴτ' αὐτοὺς γραφὴν
      διωκάθω γραψάμενος, εἴθ' ὅτι σοι δοκεῖ.
      ὀρθῶς παραινεῖς οὐκ ἐῶν δικορραφεῖν
      ἀλλ' ὡς τάχιστ' ἐμπιμπράναι τὴν οἰκίαν
      τῶν ἀδολεσχῶν. δεῦρο δεῦρ', ὦ Ξανθία,   1485
      κλίμακα λαβὼν ἔξελθε καὶ σμινύην φέρων,
      κἄπειτ' ἐπαναβὰς ἐπὶ τὸ φροντιστήριον
      τὸ τέγος κατάσκαπτ', εἰ φιλεῖς τὸν δεσπότην,

ΝΕΦΕΛΑΙ

ἕως ἂν αὐτοῖς ἐμβάλῃς τὴν οἰκίαν.
ἐμοὶ δὲ δᾷδ' ἐνεγκάτω τις ἡμμένην.   1490
κἀγώ τιν' αὐτῶν τήμερον δοῦναι δίκην
ἐμοὶ ποήσω, κεἰ σφόδρ' εἴσ' ἀλαζόνες.

ΜΑΘΗΤΗΣ Α'

   ἰοὺ ἰού.

Στ. σὸν ἔργον, ὦ δᾷς, ἰέναι πολλὴν φλόγα.

Μα. ἄνθρωπε, τί ποεῖς;

Στ.   ὅτι ποῶ; τί δ' ἄλλο γ' ἢ   1495
διαλεπτολογοῦμαι ταῖς δοκοῖς τῆς οἰκίας;

ΜΑΘΗΤΗΣ Β'

   οἴμοι· τίς ἡμῶν πυρπολεῖ τὴν οἰκίαν;

Στ. ἐκεῖνος οὗπερ θοἰμάτιον εἰλήφατε.

Μα. ἀπολεῖς, ἀπολεῖς.

Στ.   τοῦτ' αὐτὸ γὰρ καὶ βούλομαι,
ἢν ἡ σμινύη μοι μὴ προδῷ τὰς ἐλπίδας   1500
ἢ 'γὼ πρότερόν πως ἐκτραχηλισθῶ πεσών.

Σω. οὗτος, τί ποιεῖς ἐτεόν, οὑπὶ τοῦ τέγους;

Στ. ἀεροβατῶ καὶ περιφρονῶ τὸν ἥλιον.

Σω. οἴμοι τάλας δείλαιος, ἀποπνιγήσομαι.

Μα. ἐγὼ δὲ κακοδαίμων γε κατακαυθήσομαι.   1505

1495 Οἰκ. R: Ξανθ. V   1497 Σω. RVp   1499 in. Σω.
RVp   1503 Οἰ. R: Ξανθ. οἰκ. V   1504 Χαιρεφῶν p
1505 Χαιρεφῶν p

ΝΕΦΕΛΑΙ

Στ.　τί γὰρ μαθόντες τοὺς θεοὺς ὑβρίζετε
καὶ τῆς σελήνης ἐσκοπεῖσθε τὴν ἕδραν;
δίωκε, παῖε, βάλλε, πολλῶν οὕνεκα,
μάλιστα δ' εἰδὼς τοὺς θεοὺς ὡς ἠδίκουν.

Χο.　ἡγεῖσθ' ἔξω· κεχόρευται γὰρ μετρίως τό γε τήμερον
ἡμῖν.　　　　　　　　　　　　　　　　　　　　1510/11

1507 ἐσκοπεῖσθον p　　　　1508 Ἑρμ. RV

Commentary

Abbreviations and symbols:

<	"comes from"
sc.	scilicet ("supply")
S	H. W. Smyth, *Greek Grammar*, revised by G. Messing (Cambridge, Mass. 1956) (section references)
GP	J. D. Denniston, *The Greek Particles* (Oxford 1954[2])
D	Kenneth J. Dover, ed., *Aristophanes: Clouds* (Oxford 1968)
Merry	W. W. Merry, ed., *Aristophanes: Clouds* (Oxford 1904)
Somm.	A. H. Sommerstein, *Aristophanes: Clouds* (Warminster 1982)

1-262. Prologue. The meter is iambic trimeter (see Metrical Note). The opening scene shows Strepsiades, an older man, and his grown son, Pheidippides, at home at dawn; Pheidippides is still asleep, wrapped in blankets.

1. ἰού: an exclamation, cry.

2. τὸ χρῆμα...ὅσον: literally, "the matter of night(s), how big (it is)," i.e., "what a long night!"

3. οὐδέπο(τε): The suppression of vowel sounds (elision) or the blending of them (crasis) is extremely common.

4. καὶ μήν: "and yet" (GP 357).
    ἤκουσ(α): often with genitive.

5. ῥέγκουσιν: "are snoring."
    ἀλλ' οὐκ ἄν: "but they would not (have snored)..."
    πρὸ τοῦ: "before this," i.e., before the Peloponnesian War.

6. ἀπόλοιο δῆτ': "may you perish indeed!" "to hell with you!" δῆτα gives emphasis (GP 277).
    οὕνεκα = ἕνεκα here, as often.

7. ὅτ' = ὅτε, "when, now that." ὅτι rarely elides.
    κολάσ(αι) < κολάζω, "punish." The elision of the verbal ending -αι is extremely rare in tragedy (S 74). The periodic invasions of Attica by the Spartans provided opportunity for harshly treated slaves to desert their masters.

8. οὑτοσί: "this here"; accompanied by a gesture, as the deictic iota appended to the demonstrative emphasizes (S 333g).

9. τῆς νυκτός: genitive of time within which.
    πέρδεται: "farts."

10. σισύραις: "cloaks of goat's hair."
    ἐγκεκορδυλημένος < ἐγκορδυλέω, "enwrap."

11. ἀλλ': "all right," as often in conversation; contrast line 12 (GP 17).

12. δακνόμενος: "being bitten," after which we expect "by bedbugs."

13. φάτνης: "feeding trough," i.e., the upkeep of Pheidippides' horses.
    χρεῶν < χρέος, "need," "debt."

14. κόμην ἔχων: "wearing his hair (long)," a mark of wealthy young horsemen with aristocratic pretensions.

15. ξυνωρικεύεται: "drives racing pairs."

16. ὀνειροπολεῖ: "dreams of."

17. ἄγουσαν...εἰκάδας: "bringing on the twenties," i.e., the last days (21-30) of the lunar month, nearing the end of the month, the traditional collection day for creditors.

18. οἱ...τόκοι χωροῦσιν: "the interest is mounting."
    ἅπτε: "light," addressed to a slave inside the house.

19. κἄκφερε = καὶ ἔκφερε.
    γραμματεῖον: "ledger," probably wooden tablets with waxed surfaces (D).
    ἀναγνῶ: aorist subjunctive < ἀναγιγνώσκω, "read."

21. φέρ' ἴδω: "come, let me see..." φέρε just signals a command.
    μνᾶς: accusative plural, "minas," monetary units equalling 100 drachmas.

22. τοῦ = τίνος, "for what?" Genitive of purpose.

τί ἐχρησάμην: "why did I borrow (them)?" See LSJ χράω (B) IIIB.

23. τὸν κοππατίαν: "the (horse) branded with the (archaic letter) koppa," a sign of fancy pedigree.
οἴμοι τάλας: an exclamation common in tragedy.

24. εἴθ(ε)...λίθῳ: "Would that rather (πρότερον) I had had my eye knocked out by a rock"; a pun on ἐξεκόπην (aorist passive < ἐκκόπτω) and κοππατίαν.
ὀφθαλμόν: accusative of respect.

25. Φίλων: Pheidipppides' dream opponent.
ἔλαυνε...δρόμον: "drive (in) your own lane."

27. καί: "even."
ἱππικήν: sc. τέχνην; "the (art of) horsemanship."

28. δρόμους: here, as in 29, "laps"; accusative of extent of space.
πολεμιστήρια: "war chariots," subject of ἐλᾷ (future < ἐλαύνω).

29. μέν: "at any rate," not indicating antithesis (D).

30. ἔβα = ἔβη. The Doric long-α for -η is lyric. The scholiast (ancient commentator) knew of a very similar line in Euripides.
με: "(to/upon) me," poetic terminal accusative with a verb of motion (S 1588).

31. διφρίσκου καὶ τροχοῖν: "for a little chariot and a pair of wheels (dual)." For the genitive, cf. τοῦ in 22.

32. ἐξαλίσας < ἐξαλίνδω, "roll out." After exercises, horses were encouraged to roll in the dust.

33. ὦ μέλ': "my friend." μέλε occurs only in the vocative.
ἐξήλικας: perfect < ἐξαλίνδω.

34. δίκας ὤφληκα: literally, "I have become liable for (perfect < ὀφλισκάνω) reparations"; i.e., "I have lost some lawsuits."
χἄτεροι = καὶ ἕτεροι.

34-5.   τόκου ἐνεχυράσεσθαι: "that they will seize (my property as) security for the (unpaid) interest."

35.   ἐτεόν: "really."

36.   τί δυσκολαίνεις: "why are you grouchy?" στρέφει: second person singular middle. νύχθ' = νύκτα.

37.   δήμαρχος: "demarch," an official who probably had the responsibility for laws concerning debts and securities (D). A deme was a township or ward, the smallest political unit in Attica.
στρωμάτων: "bedclothes."

38.   ἔασον: aorist imperative.
δαιμόνιε: "strange man!" Reproachful, as usual.
καταδαρθεῖν τι: "to get some sleep," < καταδαρθάνω.

39.   δ' οὖν: "okay," denoting a concession (GP 467).
ἴσθ(ι): imperative < οἶδα.

41b.   εἴθ' ὤφελ(ε): "if only." With or without εἴθε, ὤφελον (< ὀφείλω) + infinitive expresses an unfulfillable wish (S 1780-81).
προμνήστρι(α): "matchmaker."

42.   γῆμ': "to marry" (see on 7 for elision).
ἐπῆρε < ἐπαίρω, "induce."

44.   εὐρωτιῶν...κείμενος: "being unwashed (< εὐρωτιάω), unswept, casually disposed."

45.   στεμφύλοις: "olive cakes."

46-7.   Μεγακλέους τοῦ Μεγακλέους ἀδελφιδῆν: "the niece of Megacles the son of Megacles," a name intended to sound grand and wealthy (D).

48.   σεμνὴν...ἐγκεκοισυρωμένην: "classy (D), extravagant, living as luxuriously as Coesyra." Coesyra was an Eretrian of proverbial wealth and arrogance (Somm.).

50. ὄζων τρυγός: "smelling of unfermented wine" (genitive < τρύξ).
    τρασιᾶς: "dried figs," a singular, collective noun.

51. ἡ δ': "and she (smelling of)..."
    κρόκου: "saffron dye," a reference to the κροκωτός, a woman's finest dress, dyed yellow.
    καταγλωττισμάτων: "tongue-kisses."

52. λαφυγμοῦ...Γενετυλλίδος: "of gluttony, (Aphrodite) of Cape Colias, and (the goddess) Genetyllis." The reference to two local fertility cults, like the preceding "fragrances," implies that Strepsiades' pampered wife was more interested in sex than he, a hard-working farmer (D).

53. ἐρῶ: future < *εἴρω, "say." (The asterisk signifies that the present tense of the verb is never used.)
    ἀργός: a two-ending adjective (ἀ + ἔργον).
    ἐσπάθα < σπαθάω, "pack the woven threads on the loom"; hence, "squander money," since the practice can waste wool.

54. ἄν: occasionally used with the imperfect to emphasize customary past action (S 1790).
    θοἰμάτιον = τὸ ἰμάτιον.

55. πρόφασιν: "as a reason," i.e., his threadbare cloak is proof of his wife's extravagance.

    The slave who entered with the lamp and ledgers at 20 now speaks for the first time.

57. πότην: "guzzling," i.e., consuming too much expensive oil; noun functioning as adjective.

58. κλάῃς < κλάω (= κλαίω), "wail," here from the pain of a beating.

59. τῶν παχειῶν...θρυαλλίδων: "(one) of the thick wicks." The word governing a partitive genitive may be omitted (S 1310).

60. ταῦθ': i.e., his marriage.
    ὅπως: "when."
    νῷν: "us," first person dual dative (nominative νώ).

61. τἀγαθῇ = τῇ ἀγαθῇ, a sarcastic reference to his wife's aristocratic pretensions.

62. (ἐ)ντεῦθεν: "thereupon." Aphaeresis, the elision of ε at the beginning of a word after a word ending in a long vowel, occurs only in poetry.

63. ἵππον: This element supposedly gave a more aristocratic sound to a name.
    προσετίθει: "she tried to add," a conative imperfect.

65. τοῦ πάππου: "after his grandfather," i.e., Pheidon (= "Frugal"); see 134.

66. ἐκρινόμεθ': "we were trying to decide."
    τῷ χρόνῳ: "in the (course of) time" (S 1528b).

67. κοινῇ ξυνέβημεν: "we met in common," i.e., "we reached an agreement."

68. ἐκορίζετο: "she used to fondle him, (saying)..."

70. ξυστίδ(α): a very fine, full-length garment.

71. μὲν οὖν: here, "on the contrary" (GP 475); sc. ἐλαύνῃς after αἶγας.
    φελλέως < φελλεύς, "rocky ground."

72. διφθέραν: a short, leather garment worn by farmers.
    ἐνημμένος: "having himself fitted with" (< ἐνάπτω).

74. ἵππερον...χρημάτων: "he spread a case of horsey-itis over my property." The name of the disease is invented by analogy with ἵκτερος ("jaundice") (D) and perhaps also to suggest punningly "equimania" (-ερος = ἔρως). The prefix in κατέχεεν takes a genitive.

75. φροντίζων ὁδοῦ: "worrying about a way (out)." The genitive is normal with verbs of concern (S 1356).

76. δαιμονίως ὑπερφυᾶ: "supernaturally beyond the norm (< ὑπερφυής)," i.e., "totally extraordinary."

77. ἤν = ἐάν.

ἀναπείσω < ἀναπείθω, "convince *x* (accusative) of *y* (accusative)."

81. κύσον < κυνέω, "kiss."

82. ἰδού: adverb made from the imperative; simply signifying that something has been done. Translate: "There you are!", "Done."

83. νή: "yes, by...," regularly introducing affirmative oaths. The accusative is used in oaths (S 1596b).
τουτονί: The deictic iota (see on 8) suggests that a statue of "Horseman Poseidon" is visible in front of Strepsiades' house.

84. μή: "don't (speak of)..."
μοί γε: "for my sake," i.e., "please" (ethical dative, S 1486).

86. ὄντως: "truly."

87. τί οὖν πίθωμαι: "with regard to what, then, am I to obey...?" Deliberative subjunctive.

88. ἔκτρεψον: ἔκστρεψον, the reading of most of the manuscripts, fits Strepsiades' name ("Twister") and his approach to his problems.

89. ἄν = ἃ ἄν.

91. νυν: "well then," rather than temporal (νῦν).

92. θύριον: A door in the front of the σκηνή (scene building) represents the entrance to the Thinkery.
οἰκίδιον: "hovel."

94. φροντιστήριον: "Thinkery," coined by Aristophanes. In Plato's *Apology* (19 c-d) Socrates specifically disclaims the involvement in natural philosophy satirized in this play.

96. λέγοντες: "when speaking of..."
πνιγεύς: "choker," a heated hemispherical cover used in baking bread.

97. ἄνθρακες: i.e., the "coals" that heat the πνιγεύς.

99. λέγοντα...κἄδικα: sc. τινα from τις in 98.

101. μεριμνοφροντισταί: "very careful thinkers."
      καλοί τε κάγαθοί: This phrase usually = χρηστοί,
      "excellent" or "decent," with aristocratic overtones (D).

102. αἰβοῖ: here, as usual, an exclamation of disgust.
      γ': often emphatic after an exclamation (GP 128).

103. ὠχριῶντας: "having yellowish skin," neither the desirable
      pallor of women nor the ruddy tone of normal men.
      ἀνυποδήτους: "barefoot," part of the ascetic routine of
      Socrates and his students in this play, and also of Socrates in
      real life.

104. ὧν: "among whom (are)."
      κακοδαίμων: "possessed by an evil genius," rather than
      the more sympathetic "unhappy."
      Χαιρεφῶν: a disciple of Socrates.

105. ἢ ἤ: an exclamation showing disapproval.
      σιώπα: imperative.

106. εἴ τι...ἀλφίτων: "if you worry at all about your old man's
      barley," i.e., "daily bread."

107. τούτων: the students of Socrates; for the genitive, see on
      59.
      σχασάμενος < σχάζω, "give up."

108. οὐκ ἄν: sc. τοῦτο ποιήσαιμι.
      εἰ...γε: "even if" (GP 126).

109. Φασιανοὺς...Λεωγόρας: Leogoras, a wealthy aristocrat
      related by marriage to Pericles, apparently bred special
      pheasants for show (D).

110. ἴθ(ι): here, as often, merely adding urgency to a command;
      "come on..."

112. φασίν: "they (people) say."
      τὼ λόγω: accusative dual, "the two types of argument."

113. ὅστις ἐστί: "whatever it is," i.e., "on any subject" (D); or
      (scornfully) "whatever that is."

115. **νικᾶν...τἀδικώτερα:** "wins (through) speaking the less just (case)." The two arguments are personified here, with a view to their subsequent appearance onstage (889ff.). In Plato's *Apology* (19 b) Socrates points out that his slanderers accuse him of making the worse argument appear the stronger.

118. **οὐδ':** "not even," resuming the preceding οὐκ (S 2939). Similarly, ἄν is repeated.

119. **τλαίην:** "endure," i.e., "bring myself to."

120. **τὸ χρῶμα διακεκναισμένος:** "having had my color all scraped off." χρῶμα is accusative of respect.

121. **ἔδει** < ἔδομαι, future of ἐσθίω; here, as often, followed by a partitive genitive (S 1355).

122. **ζύγιος:** used of the two middle horses in a racing team of four.
σαμφόρας: a horse branded with the (archaic) letter σάν.

123. **ἐξελῶ...κόρακας:** "I'll drive you to hell," literally, "to the crows."

124. **περιόψεται:** περιοράω often = "overlook," i.e., "allow."
ὁ θεῖος: "my uncle." For Megacles, see on 46-47.

Pheidippides enters the house of Strepsiades, while Strepsiades walks to the Thinkery and prepares to knock on the door.

126. **μέντοι:** "no *I* won't," emphasizing the pronoun (GP 399).
πεσών: "although I have been thrown," a wrestling metaphor; literally, "although I have taken a fall."

127. **τοῖσιν:** metrically convenient alternative for τοῖς (likewise -αισι for -αις).

129. **κἀπιλήσμων** = καὶ ἐπιλήσμων, "forgetful."

130. **λόγων...σκινδαλάμους:** literally, "splinters of words," i.e., "hair-splitting quibbles."

131. **ἰτητέον** = ἰτέον, verbal adjective < εἶμι; sc. ἐστί. Translate: "I've got to go."

τί...στραγγεύομαι: "why do I hesitate these (hesitations) continually," i.e., "why do I keep hanging back like this?" (D). The participle ἔχων here, as often, simply marks the persistence of the action described by the main verb. ταῦτα is internal accusative.

The door is answered by a student of Socrates.

133. βάλλ': here, intransitive, "go."

134. Κικυννόθεν: Strepsiades completes the traditional identification by naming his native deme, Kikkynna. The suffix -θεν = "of/from."

136. ἀπεριμερίμνως: "unthinkingly," a play on the philosophical sense of μέριμνα ("topic").
      λελάκτικας < λακτίζω, "kick at," probably hyperbolic (D).

137. ἐξήμβλωκας < ἐξαμβλόω, "make to miscarry," probably a comic allusion to Socrates' claim that he was a midwife who helped at the delivery of his young students' ideas.
      ἐξηυρημένην < ἐξευρίσκω.

138. τηλοῦ...τῶν ἀγρῶν: "far off in the country"; ἀγρῶν is genitive of place within which (S 1448).

141. θαρρῶν = θαρσῶν, "taking courage."
      οὑτοσί: "this man right here (-ί)"; a rare use of the demonstrative and deictic in self-reference.

143. μυστήρια: predicative, "as holy mysteries."

144. ἀνήρετ' < ἀνείρομαι, "ask x (accusative) about y (accusative)."

145. ψύλλαν...πόδας: "(Asked about) a flea, how many (equivalents of) its own feet it jumps," i.e., "(Asked about) how many...a flea jumps." The subject of the subordinate verb has been brought forward into the main clause for emphasis ("prolepsis" or "anticipation," S 2182). πόδας is accusative of extent of space.

146. δακοῦσα < δάκνω.

147. ἀφήλατο < ἀφάλλομαι.

149. κηρὸν διατήξας: "having melted (< διατήκω) wax thoroughly."

150. πόδε: The dual is inappropriate to a six-legged insect, either as a joke or out of thoughtless habit.

151. κᾆτα (=καὶ εἶτα)...Περσικαί: "and then Persian boots clung to her when she had cooled." ψυχείσῃ is aorist passive participle of ψύχω. Περσικαί were soft boots worn by women.

152. ἀνεμέτρει: "tried to measure" (S 1895) or "began to measure" (S 1900).
χωρίον: here, "distance."

153. τῆς λεπτότητος: "what subtlety!"; exclamatory genitive of cause (S 1407).

154. τί δῆτ' ἄν: "what, then, would (you say)..."

156. Σφήττιος: "of Sphettos," a deme.

157. ὁπότερα: adverb, "in which of (the following) two ways."
ἐμπίδας: "gnats."

158. ᾄδειν = ἀείδειν.
τοὐρροπύγιον = τὸ ὀρροπύγιον, "backside."

160. τοὔντερον = τὸ ἔντερον, "gut."

161. διὰ...αὐτοῦ: "and through it (the gut), since it is narrow."

162. εὐθύ: "straight to" + genitive.

163-4. ἔπειτα...ἠχεῖν: "then the anus, (being) hollow (and) attached to the narrow (gut), makes the sounds." ἠχεῖν depends on ἔφασκεν.

166. τοῦ διεντερεύματος: "for the inside insight," genitive of cause.

167. φεύγων: φεύγειν = "be a defendant," διώκειν = "be a prosecutor."

169. **ἀφηρέθη** < ἀφαιρέω; in passive = "be robbed of," + accusative.

170. **ἀσκαλαβώτου**: "lizard."
     τίνα τρόπον: "in what way?"

172. **περιφοράς**: "revolutions."
     κεχηνότος < χάσκω, "gape."

173. **ὀροφῆς**: "ceiling."
     γαλεώτης: nominative, "spotted lizard."
     κατέχεσεν < καταχέζω, "crap on" + genitive.

174. **ἥσθην** < ἥδομαι, "delight in" + dative. The aorist is "dramatic," describing an immediately preceding emotional reaction (S 1937), and should be translated as present.

175. **ἐχθές**: "yesterday."

176. **εἶεν**: "well," a colloquial particle.
     τἄλφιτ' = τὰ ἄλφιτα; see on 106.
     ἐπαλαμήσατο < παλαμάομαι, "cunningly contrive."

177. **καταπάσας λεπτὴν τέφραν**: "having sprinkled (<καταπάσσω) fine ash."

178. **κάμψας...λαβών**: "having bent (< κάμπτω) a roasting spit, then taking (it as) a compass..."

179. **θοἰμάτιον ὑφείλετο**: "he filched the cloak," a typically Aristophanic non-sequitur. Apparently, Socrates suddenly transforms the geometry lesson into an exercise in the art of petty theft, perhaps using the improvised compass to "hook" his plunder.

180. **ἐκεῖνον τὸν Θαλῆν**: "that (well-known) Thales," a famous early Greek scientific philosopher.

181. **ἀνύσας**: "having accomplished," used idiomatically to lend urgency to commands; "and be quick about it!" (S 2062a).

183. **μαθητιῶ** < μαθητιάω, desiderative, "I'm dying to learn."

The scene changes, revealing the interior of the Thinkery.

184. **θηρία:** "creatures," i.e., the students.

185. **εἰκέναι** < **ἔοικα,** "resemble," + dative (τῷ = τίνι).

186. **τοῖς ἐκ...Λακωνικοῖς:** "the Spartans captured from Pylos." The captives, imprisoned at Athens for two years now (425-23), were sickly and starving, and the students presumably have a similar appearance.

188. **βολβούς:** "truffles."

190. **ἵν'** + indicative = "where."

191. **τί γάρ:** "And what...?" (GP 82).
    ἐγκεκυφότες < **ἐγκύπτω,** "crouch (to the ground)."

192. **ἐρεβοδιφῶσιν:** "grope around in the darkness."
    Τάρταρον: the deepest part of the underworld.

194. **καθ' αὑτόν:** "on its own."

195. **εἴσιθ'** = εἴσιτε, addressed to the students.
    'κεῖνος: "you-know-who," i.e., Socrates.

196. **ἐπιμεινάντων:** third person plural imperative.

198-9. **οὐχ οἷόν τ'...ἐστίν:** "it's not possible/permitted to them." τε is not a conjunction in the idiom. Socrates wants the students indoors so as to preserve their pallor.

200. **τάδ':** school props and equipment, especially pertaining to astronomy (201) and geometry (202).

201. **αὑτηί:** feminine by attraction to the gender of the predicative nominative (S 1239).

203. **κληρουχικήν:** "(land) for allotment," reflecting the Athenian custom of confiscating the lands of a conquered enemy and dividing them by lot (κλῆρος) among Athenian citizens.

205. **δημοτικόν:** "democratic," by allowing the whole world to be divided into free allotments for people like himself (D).

206. σοι: ethical dative, "you see" (see on 84).
περίοδος: "map."

209. ὡς: "(know) that..." (S 3001).

212. ἡδί: ὅδε often = "here."
παρατέταται: "stretched/laid out alongside (< παρα-τείνω)," referring to Euboea's long, thin land mass, situated opposite Attica and Boeotia. παρετάθη in 213 refers to the suppression of the cities of Euboea following their revolt from Athens in 446 (D).
μακρὰ πόρρω πάνυ: "very far long," i.e., exceedingly long.

Socrates now makes his first appearance, in a basket held aloft bv the μηχανή, or theatrical crane.

217. οἰμώξεσθ᾽ < οἰμώζω, "cry οἴμοι, groan, howl."

218. κρεμάθρας: "suspended rope/net."

220. οὗτος: "Hey you," addressed to the student.

221. μὲν οὖν: See on 71.

223. ὦ ᾿φήμερε: "creature of a day," as a god might address a mortal.

225. ἀεροβατῶ: "I walk on air," probably coined for this play (D).
περιφρονῶ: "contemplate," but also = ὑπερφρονέω, "despise."

226. ταρροῦ = ταρσοῦ, "basket."

227. εἴπερ: "if at all," "if you must"; sc. "look down on the gods" (GP 489).

228. τὰ μετέωρα πράγματα: "things suspended in mid-air," "astronomical phenomena."

230. λεπτὴν...ἀέρα: "mixing my fine (intellect) into the kindred atmosphere."

232. οὐ γὰρ ἀλλ᾿: "for not but," i.e., "for, really" (GP 31).

233. ἰκμάδα: "moisture," apparently necessary to the thought process.

234. κάρδαμα: "cress." As the earth draws moisture from the intellect, so the cress draws moisture from the soil.

237. ὡς + accusative = "to."

238. ἐλήλυθα < ἔρχομαι.

239. κατὰ τί: "in quest of what?"

240. χρήστων < χρήστης, "creditor."

241. ἄγομαι, φέρομαι: ἄγειν καὶ φέρειν is a set phrase for plundering -- i.e., leading away (ἄγειν) the cattle and slaves of an enemy and carrying off (φέρειν) his portable goods (D). ἐνεχυράζομαι: See on 34-35.

242. ὑπόχρεως: adjective, "in debt."

243. δεινὴ φαγεῖν: "terrible in devouring" (S 2002).

246. πράττη μ': "you exact from me." ὀμοῦμαι: future < ὄμνυμι, + accusative of god(s) sworn by.

248. νόμισμ(α): "something sanctioned by current usage" ("common coin"), reflecting another important accusation laid against Socrates, that he did not believe in the traditional gods of the polis. γάρ: "What?" (GP 77).

249. [ἤ]: Square brackets enclose material the editor thinks intrusive, here because it makes the line a syllable too long. σιδαρέοισιν...Βυζαντίῳ: Byzantium alone used iron coinage (D); Doric alpha instead of eta because Byzantium was a Doric colony.

251. ἄττ(α) = ἄτινα. εἴπερ ἐστί γε: "if, indeed, it's really possible" (D).

252. συγγενέσθαι εἰς λόγους: i.e., "converse with."

254. ἱερὸν σκίμποδα: "holy couch," the first in a series of props which enhance the mock initiation rite.

256. ἐπὶ τί: "to what purpose?", "why?" Initiates, symposiasts, dancers and sacrificial victims, among others, were crowned.

257. 'Αθάμανθ': Actually it was Athamas' son Phrixus who was to be sacrificed (but was rescued by the ram who provided the Golden Fleece).
ὅπως μή: "please do not" (+ future), an urgent prohibition, originally preceded by something like σκόπει, "see to it that you do not..." (S 2213).

258. τοὺς τελουμένους: "those undergoing initiation."

259. ποοῦμεν = ποιοῦμεν.

260. τρῖμμα: "something worn down, rubbed," i.e., "an old hand"; governs λέγειν, "in speaking."
κρόταλον: "castanet," i.e., "a real talker."
παιπάλη: "the finest flour," i.e., "a subtle thinker."

261. ἀτρεμεί: "without shaking," "still."

262. καταπαττόμενος: Strepsiades is being sprinkled with some sort of meal, a usual practice in cult initiations.

The Chorus of twenty-four female Clouds is heard offstage, but enters only at 326.

263-477. The parodos (entry song of the Chorus) is composed in a variety of meters, mostly lyric. Lines 263-74, 291-97, 314-438, and 476-77 are anapestic tetrameters (see Metrical Note). As often, some of the lyrics here are in metrically identical stanzas called strophe (στρ.) and antistrophe (ἀντ.).

263. εὐφημεῖν: "maintain (religious) silence," typically called for at the beginning of a prayer or ritual.

264-5. 'Αήρ...Αἰθήρ...Νεφέλαι: Socrates' untraditional gods are given as Aer (lower atmosphere), Aether (upper atmosphere), and Clouds.
μετέωρον: "suspended."
βροντησικέραυνοι: "sending thunder and lightning," traditionally the tasks of Zeus.

266. ἄρθητε < αἴρω.

267. τουτὶ πτύξωμαι: "wrap this (i.e., his ἱμάτιον) around myself."
κατ αβρεχθῶ < καταβρέχω, "drench."

268. τὸ...ἐλθεῖν ἐμέ: exclamatory infinitive (S 2036)," (to think) that I came."
κυνῆν: "(leather) cap," object of ἔχοντα.

270. κορυφαῖς...χιονοβλήτοισι: "snow-beaten peaks."

271. Ὠκεανοῦ...κήποις: "gardens of father Ocean"; referring to the garden of the Hesperides.
Νύμφαις: "for (i.e., in honor of) the nymphs."

272. Νείλου προχοαῖς: "at the pourings-forth of the Nile," i.e., the Nile Delta.
ὑδάτων: partitive genitive.
πρόχοισιν < πρόχους, "pitcher."

273. Μαιῶτιν λίμνην ἔχετ': "hold (i.e., dwell in) Lake Maiotis (the Sea of Azov)."
Μίμαντος: "of Mt. Mimas," on Erythrae (on the coast of Turkey).

274. χαρεῖσαι: aorist passive participle < χαίρω.

275-90. In the lyric strophe and antistrophe Doric long alpha often replaces eta, especially in the first declension; so, e.g., βαρυαχέος (-ηχέος) in 278, ἀρδομέναν (-ην) in 282, γᾶν (γῆν) in 300.

275. ἀέναοι: "ever-flowing," "everlasting."

276. φανεραὶ...εὐάγητον: "shining with regard to our dewy, bright nature."

278. βαρυαχέος < βαρυηχής, -ές, "deep-roaring."

280. δενδροκόμους: "wood-haired," i.e., "densely wooded."

281. ἀφορώμεθα: middle with active sense, a lyric use (Starkie).

282. καρπούς...ἀρδομέναν: "watered with respect to its crops."

283. κελαδήματα: "rushing sounds."

284. βαρύβρομον: "loud-roaring."

285. ὄμμα...αἰθέρος: i.e., the sun.
      σελαγεῖται: "beams brightly."

289. ἀθανάτας ἰδέας: probably genitive singular with the prefix in ἀποσεισάμεναι (D).

292. ἦσθου < αἰσθάνομαι; addressed to Strepsiades.
      μυκησαμένης < μυκάομαι, "roar."

293. ἀνταποπαρδεῖν: "fart in reply."

294. τετραμαίνω: "tremble at."
      πεφόβημαι: "intensive" perfect translated as present (S 1947).

295. νυνί γ' ἤδη: "this very moment" (GP 117), with χεσείω, a desiderative made from χέζω, "I'm dying to take a crap."

296. οὐ μή: followed by a future = a strong prohibition (S 2756).
      τρυγοδαίμονες: "poor comic poets"; τρύξ = "wine-lees," with which early comic poets smeared their faces, in lieu of masks.

297. εὐφήμει: "Shut up!"; cf. on 263.
      σμῆνος: "swarm," neuter.
      ἀοιδαῖς: probably dative of accompanying circumstances, "with their songs" (S 1527).

301. Κέκροπος: Cecrops was the legendary first king of Athens.
      ὀψόμεναι < ὁράω.

302. οὗ σέβας ἀρρήτων ἱερῶν: "where (is) the majesty of unspeakable rites," a reference to the Eleusinian Mysteries.

303. μυστοδόκος: "initiate-receiving."

306. ὑψερεφεῖς: "high-roofed."

307. πρόσοδοι: "processions."

309. θαλίαι: "festivities."

311. ἠρί...χάρις: "Dionysiac pleasure at the onset of spring," i.e., the Greater (City) Dionysia. ἦρι is dative < ἔαρ. Βρόμιος ("Roarer") was a cult-name of Dionysus.

312. ἐρεθίσματα: "stirrings-up."

315. μῶν = μὴ οὖν, expecting a negative answer. ἡρῷναι: "ladies of legend/heroines."

316. ἥκιστ': "not at all."

318. τερατείαν...κατάληψιν: "the telling of marvels, circumlocution, striking (the perfect note), and captivation."

319. ταῦτ' ἄρ': "that's why." πεπότηται: "is aflutter"; < ποτάομαι, "fly."

320. στενολεσχεῖν: "speak subtly."

321. νύξασ' < νύσσω, "prick"; modifies ψυχή in 319.

323. Πάρνηθ(α): Mt. Parnes, in Attica.

325. κοίλων...δασέων: "hollows...copses." πλάγιαι: "slant-wise," i.e., "from the side," indicating the point of entry of the Chorus through the parodos. τί τὸ χρῆμα = τί, "What?"

327. νῦν...ἤδη: "now, at any rate, at last" (GP 551). λημᾷς κολοκύνταις: "you have eye-sores as (big as) pumpkins,"

329. ᾔδεις < οἶδα.

332. Θουριομάντεις: "Thurian prophets," referring either to the general presence of prophets and soothsayers at the founding of the Athenian colony at Thurii in 444 (D), or to Lampon, an Athenian soothsayer appointed to head it (scholiast). ἰατροτέχνας: "physicians/medical writers," whose legendary pomposity made them stock characters in later comedy.

σφραγιδονυχαργοκομήτας: "sealringed-longnailed-lazy-longhairs."

333. κυκλίων...ἀσματοκάμπτας: "song-twisters of the circle-choruses," i.e., composers of dithyrambs, with their characteristic circular dances.
      μετεωροφένακας: "meteorological quacks."

334. ἀργούς: predicative, "so that they are unworking," i.e., "on welfare."
      μουσοποοῦσιν: "write poetry (about)," + accusative.

335. ὑγρᾶν...ὁρμάν: "the whirling-bright, fierce onset of the watery, clouds." The first in a series of dithyrambic quotations from various second-rate poets which describe clouds and storms. -ᾶν is a Doric genitive plural ending.

336. πλοκάμους...θυέλλας: "The locks of hundred-headed Typhus (who generates storm winds) and blasting storms."

337. εἶτ'...ἀερονηχεῖς: "in addition (they described them) as 'airy, floating crooked-taloned birds (of prey)'."

338. αὐτῶν: i.e., these lines of poetry.
      κατέπινον < καταπίνω, "gulp down," sc. "the poets" as subject.

339. κεστρᾶν τεμάχη: "slices of conger-eel."
      κιχηλᾶν: "thrushes." Parodic overuse of the Doric -ᾶν (D).

340. τί παθοῦσαι: "having experienced what/affected by what?"

341. εἴξασι = ἐοίκασι, "resemble," + dative.

342. ἐκεῖναι: i.e., real clouds.

343. δ' οὖν: "anyway" (D).
      ἐρίοισιν πεπταμένοισιν: "spread-out (< πετάννυμι) fleeces."

344. ὁτιοῦν: "whatsoever"; < ὁστισοῦν, a strong indefinite pronoun.
      ῥῖνας < ῥίς, "nose."

345. **ἀπόκριναι:** aorist imperative.

349. **τῶν λασίων τούτων:** "(one) of those shaggy guys."
οὗτος can have disparaging force.
τὸν Ξενοφάντου: "the son of Xenophantes," i.e.,
Hieronymus, a dithyrambic poet and tragedian known for his
shaggy hair and homosexual lust.

350. **μανίαν:** "madness," i.e., "lust," an important characteristic
of centaurs.
ἥκασαν < εἰκάζω.

351. **ἅρπαγα τῶν δημοσίων:** "plunderer (embezzler) of
public funds."

353. **ῥίψασπιν:** "shield-thrower-away." Cleonymus, a favorite
butt of Aristophanes, was apparently a coward.

354. **ἑώρων:** imperfect < ὁράω.

355. **Κλεισθένη:** Cleisthenes (not the lawgiver), another
frequent Aristophanic target, was a notorious effeminate.

356. **τοίνυν:** "well, then."
εἴπερ τινὶ κἄλλῳ: "if (you have ever done this) for
anyone else also," a common prayer-formula. Note the
repetition of redundant adverbial καί (κἄλλῳ, κἀμοί).

357. **ῥήξατε** < ῥήγνυμι, here, "let loose."

358. **θηρατά:** vocative, "hunter."

359. **λεπτοτάτων λήρων:** "the most subtle/refined
twaddle/bullshit."

361. **Προδίκῳ:** Prodicus was a famous contemporary sophist,
one of Socrates' teachers.

362. **βρενθύει:** second person singular, "swagger."
τὠφθαλμὼ παραβάλλεις: "cast your eyes sideways."

363. **κἀφ'(= καὶ ἐπὶ) ἡμῖν σεμνοπροσωπεῖς:** "and relying
on (your connections with) us, you strike a snooty attitude."

364. **τοῦ φθέγματος:** genitive of exclamation.

τερατῶδες: "portentous."

365. φλύαρος: "nonsense."

367. οὐ μή: See on 296.

371. χρῆν: past of χρή in an unfulfilled condition (S 1774); sc. "if you were correct."
        αἰθρίας: genitive of time.

372. προσέφυσας < προσφύω, "make grow on/add to."

373. ᾤμην < οἴομαι.
        διὰ κοσκίνου οὐρεῖν: "piss throught a sieve."

376. ἐμπλησθῶσ(ι): passive subjunctive < ἐμπίμπλημι, "fill with" + genitive.

377. κατακριμνάμεναι: "hanging down."

378. παταγοῦσιν < παταγέω, "clatter/clash."

380. δῖνος: here, "rotation," though normally a type of bowl for mixing wine; related to Zeus because of its resemblance to Διός, Διί, Δία.
        τουτί μ' ἐλελήθει: "this had eluded (< λανθάνω) me, that..."

385. τῷ: "by what (argument)?"

386. ζωμοῦ < ζωμός, "meat sauce"; genitive with verb of filling (S 1369).
        ἐταράχθης < ταράσσω.

387. κλόνος... διεκορκορύγησεν: "turmoil...rumbled through."

388. δεινά: "terrible (complaints)."

389. κέκραγεν < κράζω, "make noise/squawk."

390. παππάξ: onomatopoetic.

391. κομιδῇ: "absolutely."

392. τυννουτουί: "such a little (with γαστριδίου)."
      πέπορδας < πέρδομαι.

394. τὠνόματ' = τὼ ὀνόματε, dual.

396. καταφρύγει: "burns to ashes."
      ἡμᾶς, τοὺς δέ = τοὺς μὲν ἡμῶν, τοὺς δὲ ἡμῶν.
      περιφλεύει: "scorches all around."

398. Κρονίων: "Kronian things," i.e., old-fashioned.
      βεκκεσέληνε: "antediluvian/Neanderthal."

399. ἐνέπρησεν < ἐμπίμπρημι, "set on fire."

400. Θέωρον: a flatterer and sycophant.

401. νεών: accusative singular < νεώς, Attic for ναός.
      Σούνιον ἄκρον 'Αθηνέων: "Sounion, headland of
      Athens," site of an important temple to Poseidon.

402. τί μαθών: "with what idea?", i.e., "what's the point?"

403. γάρ: "well," indicating that one possible answer has been
      eliminated (GP 81).

404. ταύτας: i.e., νεφέλας.
      κατακλεισθῇ < κατακλείω, "shut in."

405. φυσᾷ: "flows/puffs up."

406. σοβαρός: "violently."

407. ῥοίβδου καὶ ῥύμης: "rushing and force."

408. γοῦν: "at any rate," of partial proof (GP 454).
      Διασίοσιν: an important Athenian festival honoring Zeus.

409. ὀπτῶν γαστέρα: "roasting (< ὀπτάω) stomach (of an
      animal)."
      κᾆτ' = καὶ εἶτα, where καί is not connective.
      ἔσχων < σχάω (= σχάζω), "split open."

410. διαλακήσασα < διαλακέω, "burst open."

411. προσετίλησεν < προστιλάω, "spatter."

414.   τὸ ταλαίπωρον: "hardiness."

415.   ἐστώς < ἵστημι.

416.   ἀριστᾶν: "eat brunch."

420.   εἴνεκα = ἕνεκα, here, "as far as...is concerned," i.e., "if it's a matter of..."
στερρᾶς: "rugged."
δυσκολοκοίτου: "making bed uneasy."

421.   τρυσιβίου...θυμβρεπιδείπνου: "life-wearing and bitter-herb-dinner stomach."

422.   ἀμέλει: "don't worry," imperative of ἀμελέω, "neglect/ignore."
ἐπιχαλκεύειν παρέχοιμ' ἄν: "I would present (myself) for hammering (as an anvil)," i.e., "you can do with me what you want."

423.   ἄλλο τι: "surely," expecting a positive answer.
νομιεῖς: future < νομίζω, here, as often, "believe in/accept."

424.   τὸ Χάος τουτί: Chaos was one of the first beings in creation, but also the gap, void, space (D).
οὐδ' ἄν + potential optative in an independent clause = a strong refusal or denial of possibility (S 1826a).

425.   ἀπαντῶν: conditional participle < ἀπαντάω, "meet with," + dative.

426.   σπείσαιμ' < σπένδω, "pour a drink offering."

427.   δρῶμεν: deliberative subjunctive, "we should do."

430.   ἑκατὸν σταδίοισιν: i.e., "by a hundred miles" (D), dative of degree of difference.

431.   τὸ λοιπόν: adverbial accusative, "(for) the future."

432.   γνώμας: γνώμην νικᾶν means "propose a motion which is then carried" (D).

433.   μή μοι γε: "Don't (talk) to me (about)."

434. ὅσ': "however much (is needed for)."
στρεψοδικῆσαι: "twist justice."
διολισθεῖν: "slip through."

435. τεύξει: second person singular future middle < τυγχάνω, "achieve/get" + genitive.

436. προπόλοισιν: "attendants," i.e., Socrates and his disciples (D).

439. χρήσθων: imperative < χραόμαι, "let them use (me)"; bracketed on metrical as well as syntactical grounds, and also because the lines make sense without it (D).

440. αὐτοῖσιν: Socrates and his disciples.

441. πεινῆν, διψῆν = πεινᾶν, διψᾶν; the subject of the infinitives shifts between Strepsiades and the philosophers.

442. αὐχμεῖν: "to be dry," i.e., without oil, the ancient equivalent of soap.
ἀσκὸν δείρειν: "to flay (me and use my skin) as a wineskin."

445. ἴτης: "reckless."

446. βδελυρός: "loathsome."
συγκολλητής: "joiner/fabricator."

447. εὑρησιεπής, περίτριμμα δικῶν: "word-inventor, practiced in lawsuits."

448. κύρβις...κίναδος: "walking casebook,...fox."
τρύμη: "hole-driller," i.e., "fast mover who cannot be stopped."

449. μάσθλης: "leather thong," i.e., "sly guy."
εἴρων: "dissembler."
γλοιός: "slippery guy."

450. κέντρων: "tortured slave."
στρόφις: "twister."

451. ματιολοιχός: perhaps "greedy pig."

452. ἀπαντῶντες = οἱ ἀπαντῶντες, "the ones meeting (you)," i.e., "any chance people."

455-6. ἔκ...παραθέντων: "let them serve sausage made of me to the disciples."

463. τί πείσομαι: "what will happen to me?"; < πάσχω.

466. ἀρά...ἄρ(α): ἆρα is interrogative and ἄρα is inferential; "Shall I then...?"

472-5. πράγματα...σοῦ: "to take counsel with you about (court) matters worthy of your mind and claims worth many talents," with πράγματα as object of συμβουλευσομένους (see D for other possibilities). ἀντιγραφάς is a technical term referring to the charges (or counter-charges) in a court case (D); πολλῶν ταλάντων is genitive of value (S 1372).

476-7. ἐγχείρει...διακίνει...ἀποπειρῶ: "attempt,...sift thoroughly...make trial of," + genitive; addressed to Socrates.

478-509. Iambic trimeter.

478. ἄγε δή: "Come on," + imperative (see on ἴθι, 110).

487. ἀποστερεῖν: "steal."
ἔνι = ἔνεστι.

489-90. ὅπως...ὑφαρπάσει: "(take care) that you snatch up," suggesting to the literal minded Strepsiades feeding scraps to a dog (hence κυνηδόν, "doglike," in 491).

493. σ': prolepsis (see on 145).

495. κἄπειτ'...ἐπιμαρτύρομαι: "Then, after waiting (< ἐπέχω) a little, I summon a witness (in preparation for a lawsuit)."

496. ἀκαρῆ < ἀκαρής, "a tiny (time), a moment."

497. ἠδίκηκά τι: Strepsiades fears that his cloak is being removed to facilitate a beating.

498. γυμνούς: i.e., with only a chiton.

499. φωράσων < φωράω, "search the house for a thief." Under Attic law this is done without a cloak to preclude planting of evidence (D).

502. ἐμφερής: "similar (to)."

504. ἡμιθνής: "half-dead."

506. ἀνύσας τι: "hurrying up some."

507. μελιτοῦτταν: "honey-cake."

508. εἰς Τροφωνίου: "into (the cave) of Trophonius." It was customary for visitors to his oracle in Boeotia to placate the snakes in the cave with honey-cakes (D).

509. κυπτάζεις ἔχων: "keep poking around." For ἔχων, see on 131.

They exit into the Thinkery. The chorus steps forward to deliver the parabasis, an interlude, standard in Aristophanes, in which the Chorus directly addresses the audience on behalf of the playwright. The parabasis begins with two lines of anapests, followed by four lines in lyric meters (510-17). The parabasis proper (518-62) follows, in eupolideans, a common Comic choral stichic meter (o o - / x -υ υ-/ oo - x/ -υ x, where oo = two positions one of which must be long). Then comes an interlocking arrangement of strophe (563-74) and antistrophe (595-606) in lyric meters with balancing stichic passages called epirrheme (575-94) and antepirrheme (607-26) in trochaic tetrameters catalectic.

516. χρωτίζεται: "tinges."

517. ἐπασκεῖ: "labors at."

520-1. οὕτω νικήσαιμί...ὡς...: "thus may I win,...as I thought it right," i.e., "if I did not think it right...may I not win!" (D). It is difficult to tell whether/when Aristophanes refers here to the first play or its revision.

524. φορτικῶν: "vulgar."

525. ἡττηθείς < ἡσσάομαι, "be defeated," a clear reference to the first *Clouds*.

527. οὐδ' ὥς: "not even so."

528. ἐξ ὅτου...ἐνθάδ': i.e., "from that time when...here (on the stage)." At 533, ἐξ ὅτου is resumed in ἐκ τούτου, "from that (time)."
    οὓς ἡδὺ καὶ λέγειν: "of whom it is pleasant even to speak."

529. ὁ...καταπύγων: "the prudent and the pervert" (literally, "one who engages in anal intercourse"), referring to the two young male characters of Aristophanes' first play, the *Banqueters*, produced in 427 B.C. χώ = καὶ ὁ.
    ἄριστ' ἠκουσάτην: "heard (dual) the best things said (of them)," i.e., were critically acclaimed.

530. ἐξῆν: here, "it was not permissible/seemly." Aristophanes brought out the *Banqueters* not under his own name but under that of Callistratus. He describes himself as an unmarried girl (though παρθένος usually = "virgin") who exposed (ἐξέθηκα) her infant so as not to outrage propriety (D).

531. ἀνείλετο < ἀναιρέω.

534. Ἠλέκτραν κατ' ἐκείνην: like (κατά) Electra in Aeschylus' *Libation Bearers*, who discovers a lock of hair (βόστρυχον) marking the return of her brother and rescuer Orestes.

535. ἤν που: "if perchance," i.e., "in the hope that."

537. φύσει: "in (her) nature."

538-9. οὐδὲν...ἄκρου: "came having sewn on no down-hanging leather (phallus), red at the tip." καθειμένον < καθίημι. It was the custom for a male character to wear a leather phallus.

540. φαλακρούς: "baldies." It seems that Aristophanes himself was bald (*Peace*, 771).
    κόρδαχ' = κόρδακα. The kordax seems to have been an undignified dance associated with comedy (D).
    εἵλκυσεν < ἕλκω, "draw," i.e., "dance."

541.	τἄπη = τὰ ἔπη, here, "lines."

542.	ἀφανίζων: "covering up."

543.	εἰσῆξε < εἰσαΐσσω; sc. ἡ κωμῳδία as subject. δᾷδας < δᾴς (= δαΐς). Torches, in fact, appear in the final scene of the play.

545.	τοιοῦτος: i.e., "like my play." οὐ κομῶ < κομάω, "I don't give myself (h)airs" (Merry).

546.	ταῦτ' = τὰ αὐτά.

549.	ὅς... ἔπαισ': "I who struck Cleon when he was at his biggest." Aristophanes aggressively attacked the Athenian demagogue Cleon in the*Knights*, produced in 424, when Cleon was at the height of power and popularity in the wake of orchestrating the capture of the Spartans at Sphacteria (see on 186).

550.	ἐπεμπηδῆσ(αι): "trample on."

551.	οὗτοι: "these (other playwrights)." λαβήν: "handle," a wrestling grip; a metaphor for exhibiting vulnerability. Hyperbolus was an Athenian demagogue often attacked in comedy.

552.	κολετρῶσ': "trample on."

553.	τὸν Μαρικᾶν: the main character in a play of the same name, by Aristophanes' contemporary Eupolis.

554.	ἐκστρέψας: "turning inside out," for recycling.

555.	γραῦν μεθύσην: The "drunken old woman" danced the kordax in a scene allegedly lifted from Phrynichus' burlesque of Andromeda's encounter with the sea monster (κῆτος), in which an old woman replaces the heroine.

557.	εἰς: "against."

558.	ἄλλοι = οἱ ἄλλοι.

559. τὰς εἰκοὺς τῶν ἐγχέλεων: "images (< εἰκών) of the eels (<ἔγχελυς), referring to Aristophanes' comparison (*Knights* 864-67) of Cleon to an eel-fisher who stirs up mud in search of his catch.

562. εἰς...ἑτέρας: "to other ages," i.e., forever.

563. ὑψιμέδοντα: "ruling on high.'

565. πρῶτα = πρῶτον (adverb).
       μέγαν: modifies Ζῆνα.
       κικλήσκω = καλέω.

566. τριαίνης ταμίαν: "master of the trident" Poseidon.

568. μοχλευτήν: "one who makes to heave," because Poseidon caused earthquakes as well as tidal waves.

571. ἱππονώμαν: "horse-guider/charioteer," Helius.

579. ἔξοδος: here, "military expedition."

580. ψακάζομεν: "drizzle." Thunder and rain were considered bad omens, and often resulted in cancellation of military enterprises (D).

581. βυρσοδέψην Παφλαγόνα: "the Paphlagonian tanner"; Cleon, because of his alleged roots in Paphlagonia (in Asia Minor) and also a play on παφλάζω, "sputter."

583. βροντὴ...ἀστραπῆς: a quotation from a lost play of Sophocles.

585. θρυαλλίδ': "wick." There were eclipses of the moon and sun in October of 425 and March of 424.

586. στρατηγήσοι: future optative in indirect discourse for future indicative in minatory-monitory condition (S 2328).

591. τὸν λάρον: "that gull," a common metaphor for greed.
       δώρων: i.e., "for bribery," genitive of crime (S 1375).

592. φιμώσητε: "muzzle/make fast," here, of a pillory.

593. αὖθις εἰς τἀρχαῖον: "again, as in earlier times."

595-7. The verb is omitted from the prayer formula.

596. **Κυνθίαν**: Cynthus was a mountain on the island of Delos, an important center for the worship of Apollo.

597. **ὑψικέρατα**: accusative singular < ὑψίκερως, "high-peaked."

598-600. **ἥ τ' Ἐφέσου...Λυδῶν**: Ephesus in Asia Minor was the location of an important temple of Artemis.

602. **αἰγίδος ἡνίοχος, πολιοῦχος**: "guider of the aegis, city-protector." The aegis was Athena's goatskin breast-shield with a Gorgon's head and a fringe of snakes.

602. **αἰγίδος ἡνίοχος, πολιοῦχος**: "guider of the aegis, city-protector." The aegis was Athena's goatskin breast-shield with a Gorgon's head and a fringe of snakes.

604. **σὺν πεύκαις σελαγεῖ**: "shine with pine (torches)." Dionysus was the god of Delphi in winter.

608-9. **φράσαι...χαίρειν**: "to say χαίρετε to." i.e., to greet.

609. **ξυμμάχοις**: Allies would be present at the Greater Dionysia.

610. **πεπονθένα** < πάσχω; indirect discourse.

612. **τοῦ μηνὸς...δραχμήν**: "(assisting you/benefitting you) not less than a drachma for the torches per month." Pine torches were the usual method of illumination for going out on moonless nights.

614. **πρίῃ**: second person singular aorist subjunctive < πρίαμαι.

615. **ἄγειν**: "observe." The Athenian lunar calendar required periodic adjustment to fit with the solar year.

616. **κυδοιδοπᾶν**: "cause confusion."

618. **κἀπίωσιν** = καὶ ἀπίωσιν. The gods are going hungry because the sacrificial calendar does not match the civil.

619. **κατὰ λόγον**: "according to the fixed order."

620.   στρεβλοῦτε: "interrogate by torture," the only admissible testimony from slaves.

621.   ἀπαστίαν: "fast."

622.   Μέμνον' ἢ Σαρπηδόνα: Memnon, son of Dawn, and Sarpedon, son of Zeus, both died at Troy.

623-4. λαχὼν...ἱερομνημονεῖν: "Hyperbolus this year (τῆτες) designated by lot (< λαγχάνω) to attend the Delphic Amphictyonic Council. The Council" (of ἱερομνήμονες) governed the religious league controlling temples at Thermopylae and Delphi.

624.   κἄπειθ' = καὶ ἔπειτα; see on 409. Exactly what happened to Hyperbolus' garland is unknown.

625.   εἴσεται < οἶδα.

Socrates emerges from the Thinkery, soon followed by Strepsiades, who brings with him a matress.

627-99. Iambic trimeter.

627.   'Αναπνοήν: "Breathing" (D).

630.   σκαλαθυρμάτι': "deep quibbles."
        ἄττα = τινά.

632.   καλῶ: future.

633.   ἕξει < ἔξειμι (εἶμι).
        ἀσκάντην: "cot."

634.   κόρεις: "bugs."

638.   μέτρων... ἐπῶν... ῥυθμῶν: "measures (meters) ...words...rhythms."

639.   ἔναγγος: "just now."

640.   ὑπ'...διχοινίκῳ: "I was cheated by the barley-seller to the degree of about 3 pints." Strepsiades takes μέτρων to be dry measures.

643. ἡμιεκτέω: "half-hecteus," about a gallon.

644. οὐδὲν λέγεις: "you talk nonsense."

644-5. περίδου...εἰ μή: "Bet me (to see) if it is not..."; < περι-δίδωμι.

645. τετράμετρον: The ἡμιεκτέων was equal to 4 χοίνικες and, as such, was a "quadruple measure."

651. κατ' ἐνόπλιον: "appropriate to the enoplian."

653-4. D brackets 653, on the assumption that the two lines are mutually exclusive. The deictic iota in 654 suggests that Strepsiades extends the middle finger in the obscene gesture which has survived into modern times.

654. πρὸ τοῦ: "before now."

655. ᾦζυρέ = ὦ οἰζυρέ, "you wretch."

659. ὀρθῶς: "strictly (speaking)"; alludes to Prodicus' study of correct diction (D on 638).

661. Strepsiades correctly gives three masculine names for domestic animals, but then adds κύων and ἀλεκτρυών, which can be masculine or feminine.

666. ἀλεκτρύαιναν: "roosterette."

667. εὖ γε: "Fine"; sarcastically.

669. διαλφιτώσω...κάρδοπον: "I'll fill your dough-trough, all around with barley meal."

673. Κλεώνυμον: whose name has a masculine ending, though he is a coward and thus unmasculine.

674. ταὐτὸν δύναται: "has the same force (as)." ταὐτὸν = τὸ αὐτό.

676. ἀλλ' ἐν... ἀνεμάττετο: "But he kneaded up (< ἀναμάσσω) his dough in a round mortar" (as opposed to a κάρδοπος). Henderson (439) suggests the sexual meaning,

"he buggered," that is, put his pestle in some man's round mortar; D suggests a reference to masturbation; earlier scholars thought the phrase denoted extreme poverty, i.e., he could not afford a κάρδοπος and had to do his kneading in a mortar.

679. γάρ: "yes" (GP 89).

680. ἐκεῖνο...Κλεωνύμη: "That would be it then, trough-ette, Cleonym-ette." ἦν ἄν makes no sense, hence the daggers.

686. Φιλόξενος, Μελησίας, ’Αμεινίας: Philoxenos (*Wasps* 84) was pilloried as a passive homosexual; Ameinias as a military shirker (see 692); nothing is known of Melesias.

700-6. The Chorus sings a brief strophe in lyric meters. The manuscripts attribute the strophe to Socrates, but the responding antistrophe (804-13) is sung by the Chorus, and Socrates' question at 723 makes more sense if he has been absent at 700-22 (D).

700. διάθρει: imperative, "examine closely."

701. πάντα: with τρόπον.

701-2 σαυτὸν στρόβει πυκνώσας: "spin yourself around concentrating (your thoughts)."

704. πήδα: imperative.

707-22. Two lines in imitation-tragic lyric meters are followed by 14 lines of mock-heroic anapests.

709. σκίμποδος: "bed."

710. Κορίνθιοι: a pun on κόρεις. The Corinthians were enemies of Athens during the war.

711. δαρδάπτουσιν: "devour."

713. ὄρχεις: "testicles."

714. διορύττουσιν: "are digging through."

719. ἐμβάς: "shoe," which Strepsiades probably removed along with his cloak at 497.

721. **φρουρᾶς ᾄδων**: "singing (a song) of guard-duty," a general expression for passing time in a tedious situation.

722. **ὀλίγου**: "almost," brief form of the idiom ὀλίγου δεῖν, literally, "to lack (just) a little."

723-803. Iambic trimeter.

726. **κάκιστ'**: adverbial.

727. **οὐ...περικαλυπτέα**: "Don't be soft, but cover up."

728-9. **νοῦς ἀποστερητικὸς κἀπαιόλημ(α)**: "a plan for cheating, and a fraud."

730. **ἀρνακίδων**: "sheepskins," i.e., Strepsiades' covers.

734. **πλὴν ἢ τὸ πέος**: "except my dick."

740-1. **σχάσας τὴν φροντίδα λεπτήν**: "having relaxed your mind, (making it) subtle." λεπτήν is a predicate accusative.

741. **κατὰ μικρόν**: "(little) by little."

742. **οἴμοι τάλας**: The bedbugs are biting Strepsiades again.

744. **ἀφείς**: "dropping (it)"; < ἀφίημι.

745. **ζυγώθρισον**: "weigh out."

749. **Θετταλήν**: Thessaly was traditionally associated with magic.
    The apodosis of this long protasis (749-52) must be understood from 747 ("I would be freed from this τόκος").

751. **καθείρξαιμ'** < καθείργνυμι, "shut in."
    λοφεῖον: "case," originally a container for helmet crests.

752. **κάτροπτον** = κάτοπτρον, "mirror."

755. **ὁτιή** = ὅτι.

758. **εἴ...δίκη**: "If some lawsuit in the amount of five talents were registered." The first step in implementing a lawsuit was

to obtain the archon's preliminary approval, after which the suit was registered or listed on a wax tablet hung on the wall of the court. Five talents was a great sum.

761. εἷλλε: imperative, "wrap."

763. λινόδετον...ποδός: "string-tied from (by) the foot like a beetle," referring to a children's game in which the beetle was tethered and allowed to buzz around (D).

764. ἀφάνισιν: "disappearance," i.e., method for getting rid of.

766. φαρμακοπώλαις: "druggists," whose wares apparently included the "burning glass" (ὕαλον).

770. γραμματεύς: "court clerk."

772. ἐκτήξαιμι < ἐκτήκω, "melt away." The charges were written on wooden tablets with waxed surfaces.

774. διαγέγραπται: "has been scratched through," i.e., obliterated.

776. ὅπως...δίκην: "How as defendant (ἀντιδικῶν) you would twist out of a lawsuit."

778. φαυλότατα: "most inconsequentially," i.e., "no sweat!" καὶ δή: "Okay," introducing a response to a command (GP 251).

779. ἐνεστώσης: "at hand/pending."

780. ἀπαγξαίμην τρέχων: "I'd run and hang myself" (< ἀπάγχω).

782. κατ': + genitive = "against."

783. ὑθλεῖς: "You talk nonsense." ἄπερρ(ε): "get lost."

787. μέντοι: See on 126.

788. ματτόμεθα: "knead"; cf. 670ff.

789. οὐκ...ἀποφθερεῖ = οὐκ ἀποφθερούμενος ἐς κόρακας ἄπει.

792. ἀπὸ γὰρ ὀλοῦμαι: The separation of a prefix from its verb is called tmesis, "cutting."

798. ἀλλ'...γάρ: "but, since he is unwilling." τί...πάθω: here, "what can I do?"

799. εὐσωματεῖ γὰρ καὶ σφριγᾷ: "(yes,) because he's healthy and strong."

800. ἐκ: "(descended) from." εὐπτέρων: "well-winged," i.e., "high-flying."

802. οὐκ ἔσθ' ὅπως οὐκ: "there's no way that I won't," i.e., "I definitely will" (S 2551).

Strepsiades withdraws briefly into his house.

803. ἐπανάμεινον: addressed to Socrates.

803-14. The Chorus sings an antistrophe (804-9) which responds to 700-6, followed by four lines in lyric meters.

805. ἔξων: in indirect statement with αἰσθάνει.

809. ἐπηρμένου < ἐπαίρω, "excite."

811. γνοὺς...δύνασαι: "Knowing (this), you will quickly suck (the man) dry as much as you can."

812. φιλεῖ: "tend/are inclined."

813. ἑτέρᾳ τρέπεσθαι: "turn out otherwise/differently," i.e., from what his frustration with Strepsiades might lead him to expect.

Strepsiades enters from his house, accompanied by Pheidippides, with whom he is arguing.

814-88. Iambic trimeter.

814. Ὀμίχλην: "fog," a "Socratic" deity.

815. κίονας: "columns," i.e., house; terminal accusative (see on 30). The columns hint at the grandeur in which Pheidippides' rich uncle lives (see on 46f.).

819. ὄντα τηλικουτονί: sc. σε, "when you are at your age."

820. ἐτεόν: "really."

823. ἀνήρ: as opposed to the παιδάριον of 821.

824. ὅπως: See on 257.

825. ἰδού: "See, (I've come)."

828. ἐξεληλακώς < ἐξελαύνω.

830. Μήλιος: Socrates was not from Melos, but Diagoras, famous for impiety and atheism, was (D).

832. εἰς τοσοῦτον τῶν μανιῶν: "to so great (a degree) of madness."

833. χολῶσιν < χολάω, "be crazy, mad."

835. ὧν: partitive genitive with οὐδείς.
      φειδωλίας: "thrift."

836. ἀπεκείρατ'...ἠλείψατο: "cut his hair...oiled his skin."

837. βαλανεῖον: "bath."

838. ὥσπερ τεθνεῶτος: at funerals it was cutomary for both corpses and participants to be bathed (D).
      καταλόει μου τὸν βίον: "you bathe away my livelihood."

840. καί: "indeed."

841. ἄληθες: so accented, an exclamatory indignant question; "Oh really?"

      Strepsiades runs into the house after 843 and returns with his props after 846, leaving Pheidippides briefly alone to ponder his father's behavior.

844. δράσω: probably aorist subjunctive (deliberative) like ἕλω in 845.

845. πότερον...ἕλω: "Hauling him into (court) should I convict him of insanity?" παρανοίας is genitive of charge (see on 591), referring to a court procedure through which a son could declare his father incompetent in order to assume control of his affairs. πότερον is not translated when introducing a direct disjunctive question.

846. σοροπηγοῖς: "coffin-makers."

850. μή: "do not (be ridiculous)."

853. γηγενεῖς: "earth-born," i.e., the Giants, enemies of Zeus and the Olympians.

855. ἐπελανθανόμην ἄν: apodosis of past general condition; for ἄν, see on 54.

856. ἀπώλεσας: "lost."

857. καταπεφρόντικα: "thought it away," perhaps a pun on the usual meaning of καταφρονέω, "despise."

858. τὰς...τέτροφας: "to what purpose (literally, "to where") have you turned (< τρέπω) your shoes?"

859. εἰς τὸ δέον: "to a necessary purpose," a reference to Pericles' reply when asked about a sum of money expended for a bribe during the Euboean Revolt. δέον is neuter participle < δεῖ.

861. ἐξάμαρτε: imperative.

862. ἐξέτει < ἐξέτης, "six years old."
τραυλίσαντι < τραυλίζω, "lisp."

863. ἡλιαστικόν: "(earned) for jury duty." The ἡλιαία was the public place in which the chief law-court was held.

864. Διασίοις: See on 408.
ἁμαξίδα: "toy wagon" (D).

868. ἄκοντ': "unwilling." Enter Socrates from the Thinkery.

νηπύτιος: "little kid."

869. **καὶ...ἐνθάδε:** "and is not well-worn (expert) in (the art of) the ropes here"; recalling Socrates in the basket, 218ff.

870. **κρέμαιο:** "hoisted up (for a beating)."

872. **κρέμαι(ο):** Socrates mimics some childish vocal habit of Pheidippides in the pronunciation of this word.

873. **τοῖσι...διερρυηκόσιν:** "with lips gaping"; < διαρρέω, "flow apart/sag apart."

875. **κλῆσιν...ἀναπειστηρίαν:** "summons or persuasive embellishment."

878. **τυννουτονί:** "only this high," accompanied by a gesture.

880. **ἀμαξίδας τε †σκυτίνας:** Scholars do not know exactly what is meant by "leather carts"; hence the dagger marking a suspected corruption of the text.

881. **σιδίων:** "pomegranate peels."
πῶς δοκεῖς: "you can't imagine!" (D).

Socrates exits into the Thinkery. Two antagonists, Right Argument and Wrong Argument, now enter.

889-1104. The agon ("contest"), a relatively fixed part of an Old Comedy, begins with an introductory proagon in anapests (889-948), followed by a lyric strophe (949-58). Then comes the invitation and the first speech in anapestic tetrameters (959-1008; see Metrical Note), closing with an anapestic dimeter pnigos or "choker" (1009-23). This is followed by the antistrophe (1024-33); and the invitation and second speech (1034-84) in iambic tetrameters, closing with a lively iambic exchange (1085-1104).

890. **καίπερ θρασὺς ὤν:** i.e., and not needing to be induced to come forward (D).

892. **ἐν τοῖς πολλοῖσι:** i.e., in public.

898. **τουτουσί:** the audience.

902. **πάνυ**: "at all."

906-7. **τουτὶ...κακόν**: "look (καὶ δή; GP 251), here comes this nauseating (argument)."
λεκάνην: "basin (for vomiting)."

908. **τυφογέρων...κἀνάρμοστος**: "You're a dull old man and out of tune (ridiculous)."

911. **κρίνεσι**: "lilies."
στεφανοῖς: verb, note accent.

912. **πάττων**: "sprinkling."

913. **οὐ...μολύβδῳ**: "not before this but (rather sprinkling you) with lead."

915. **πολλοῦ**: "very," a rare adverbial use.

916. **φοιτᾶν**: i.e., "to go to school."

920. **σὺ...πράττεις**: "But you're doing well," possibly referring to Wrong Argument's rich costume.

921. **ἐπτώχευες**: "were a beggar."

923-4. **ἐκ...Πανδελετείους**: "nibbling from your beggar's pouch Pandeletian morsels of wisdom." Euripides' *Telephus* of 438 apparently had the Mysian king appear before Agamemnon disguised as a beggar; Pandeletus is described by the scholiast as a sycophant.

926. **ἐμνήσθης**: here, "mention, speak of."

928. **λυμαινόμενον...μειρακίοις**: "(as) a ruin to our young men," language reminiscent of the charge later laid against Socrates, that he corrupted the youth.

929. **τοῦτον**: Pheidippides.

930. **εἴπερ γ'**: "(yes) indeed if..."

942. **ἐκ**: "in consequence of."

943. **ῥηματίοισιν**: "phraselets"; diminutive of ῥῆμα.

945. τὸ τελευταῖον: "finally."
    ἀναγρύζῃ: "makes a peep," literally, "says γρῦ."

947. ἀνθρηνῶν < ἀνθρήνη, "wasp."

949. πισύνω: dual, "relying on."

952. γνωμοτύποις: "sententious."

956. ἀνεῖται : "is set going," < ἀνίημι.

957. ἧς πέρι: anastrophe, a shift of accent when a preposition follows its object.

961. ὡς διέκειτο: "how it was ordered/disposed."

962. (ἐ)νενόμιστο: "was the custom."

964. εἰς κιθαριστοῦ: "to the music-teacher's (house)."

965. κωμήτας: "those from the same quarter of the city" (D).
    γυμνούς: See on 498.
    κριμνώδη: "like coarse meal," a neuter plural adjective used adverbially.
    κατανείφοι: "snow."

966. ἐδίδασκεν: sc. the music teacher as subject.

967. ἢ...βόαμα: "either *Oh Pallas, Dread Destroyer of Cities*, or *A Cry from Afar*," apparently Athenian patriotic songs.

968. ἐντειναμένους τὴν ἁρμονίαν: "pitching the scale," (D).

969. βωμολοχεύσαιτ'...καμπήν: "clown around or bend some (new) musical twist," i.e., modulation (D).

970. A spurious line dealing with musical styles has been omitted.

971. τὰς κατὰ...δυσκολοκάμπτους: "the (twists) à la Phrynis, those unpleasant ones," referring to a notorious Mytilenean cithara-player.

972. πολλάς: "many (blows)."

973. παιδοτρίβου: "the gymnastic master's (school)."

974. ἀπηνές: "cruel," in that such a sight would torment potential lovers (D).

975. συμψῆσαι < συμψάω, "sweep away"; with ἔδει in 973.

976. εἴδωλον...τῆς ἥβης: "image of youth," i.e., outline of the genitals, left in the sand.

977. ἄν: repeated for emphasis.

978. τοῖς...ἐπήνθει: "The dew-drops and down flowered on their genitals as on fruit."

979. μαλακὴν...φωνήν: "blending his voice (to make it) soft," i.e., speaking in an effeminate voice.

980. προαγωγεύων: "prostituting."

981. ῥαφανῖδος: "radish" or other root vegetable.

982. ἄννηθον...σέλινον: "dill...parsley."

983. οὐδ'...ἐναλλάξ: "Nor to eat delicacies, nor to giggle, nor to keep the legs crossed."

984. Διπολιώδη: "like the festival of Διπολίεια," honoring Zeus Polieus and filled with archaic rituals including the Bouphonia ("Ox-Killing").
τεττίγων < τέττιξ; refers to the old-fashioned custom of wearing the hair long and ornamented with a cicada-shaped brooch.

985. Κηκείδου: an early dithyrambic poet (scholiast).
ἀλλ' οὖν: "no, rather..."

986. Μαραθωνομάχας: veterans of the Battle of Marathon (490), now the oldest generation of Athenians.
ἡμή = ἡ ἐμή.

987. ἐν ἱματίοισι...ἐντετυλίχθαι: "to be wrapped up (< ἐντυλίσσω) in cloaks," as opposed to γυμνούς (965).

988. ἀπάγχεσθ(αι): "choke."
Παναθηναίοις: At the Panathenaea young boys danced naked holding hoplite (full-body) shields.
δέον: participle in accusative absolute, which is used for impersonal verbs.

989. κωλῆς: "thigh," but Henderson (100) thinks the meaning here is "penis."
ἀμελῇ: "is careless of " (+ genitive), a syntactical change from the plural αὐτούς (988).
Τριτογενείης: Athena.

990. πρὸς ταῦτ': "in response to these things."

993. θάκων < θᾶκος, "seat."

994. σκαιουργεῖν: "behave badly/boorishly."

995. ἀναπλήσειν: "fill up" makes no sense here, hence the daggers.

997. μήλῳ: Throwing fruit was a customary sexual come-on.
ἀποθραυσθῇς: "broken off from."

998. Ἰαπετόν: i.e., "old fogey"; Iapetus was a brother of Cronus (see on 398).

999. μνησικακῆσαι...ἐνεοττοτροφήθης: "remember with a grudge that age from which you were raised as in the nest," i.e., disparage him who raised you.

1001. υἱέσιν < υἱός (S 285.27), but with a punning suggestion of ὑσίν, "hogs"; there is some question on the exact identity of this Hippocrates.
εἴξεις < ἔοικα.
βλιτομάμμαν: "cabbage-sucker," i.e., "stupid fool."

1003. στωμύλλων: "babbling."
τριβολεκτράπελ': "thistle-outlandish chatter" (Somm.).

1004. οὐδ' κτλ.: "Nor getting dragged (into court) over some sticky (γλισχραντι-), argumentative (-λογ), damned (-εξεπιτρίπτου) matter."

1005. **'Ακαδήμειαν:** at this time a public park, not yet associated with Plato and the study of philosophy.
μορίαις: "olive trees."
ἀποθρέξει < ἀποτρέχω.

1007. **σμίλακος:** "yew."
λεύκης †φυλλοβολούσης†: "leaf-shedding white (poplar)," daggered because poplar does not shed in the spring.

1008. **ὁπόταν…ψιθυρίζῃ:** "when the plane tree whispers to the elm."

1014. **πόσθην:** "penis."

1019. **κωλῆν μικράν:** "small haunch."
. **ψήφισμα μακρόν:** "long(-winded) decree." ψήφισμα is a surprise substitution for an expected reference to the penis (D).

1022-3. **τῆς 'Αντιμάχου καταπυγοσύνης:** "the perversion of Antimachus"; see on 529.

1030. **κομψοπρεπῆ:** "distinguished for ingenuity."

1036. **καὶ μήν:** "very well," signifying acceptance of an invitation to speak (GP 355).
ἐπνιγόμην τὰ σπλάγχνα: "I was choking in my gut."

1041. **πλείν ἤ:** "more than."

1042. **ἔπειτα:** "nevertheless" (D), as often after a participle.

1047. **ἐπίσχες:** "Hold it!"
μέσον: "by the middle," a wrestling term.

1051. **'Ηράκλεια λουτρά:** Hot baths all over Greece were called "baths of Heracles."

1057. **ἀγορητήν:** "public speaker." To Homer ἄγορα was an assembly place, not a market.

1060. **σωφρονεῖν:** "practice self-control," especially in sexual activity.

1063. Πηλεύς: He rejected the advances of the wife of his host, Acastus, who abandoned Peleus in the wild after the wife slandered him; a god rescued him with the gift of a sword.

1065. οὐκ τῶν λύχνων: "the one from the lamp-market."

1068. ὑβριστής: "insolent," perhaps "roguish."

1069. τὴν νύκτα παννυχίζειν: with ἡδύς, "sweet...to spend the night (with)."

1070. σιναμωρουμένη < σιναμωρέω, "ravage wantonly."
Κρόνιππος: "Cronus-horse."

1072. ἄνεστιν = ἃ ἔνεστιν.

1073. κοττάβων: a party game of throwing wine-lees at a target.
ὄψων: "(cooked) delicacies."
καχασμῶν: "laughs."

1075. εἶεν: See on 176.

1077. ἀπόλωλας: i.e., "you're done for."

1078. χρῶ: imperative.

1079. ἁλούς: aorist participle < ἁλίσκομαι.
πρὸς αὐτόν: the wronged husband.

1080. ἐπανενεγκεῖν: imperatival infinitive, "transfer."

1081. κἀκεῖνος ὡς: "(saying) how that one too..."

1083. ῥαφανιδωθῇ... τέφρᾳ τε τιλθῇ: "(what if) he is reamed with a radish and (his pubic hair) plucked with (hot) ash," punishments for adultery.

1084. γνώμην: "proposition."
εὐρύπρωκτος: "wide-assed."

1089. συνηγοροῦσιν: "act as public prosecutors."

1100. κομήτην: "long-haired fellow."

1102. κινούμενοι: "buggers" (Henderson, p. 77).

1104. ἐξαυτομολῶ: "desert."

Right Argument exits.

1105-12. Iambic trimeter.

1108. στομώσεις: "give an edge to."

1108-9. ἐπὶ...δικιδίοις: "on one side (of the jaw) the sort for small lawsuits."

Strepsiades goes home and Wrong Argument and Pheidippides exit into the Thinkery.

1113-30. After two lines (1113-4) of lyric iambic, the Chorus sings a second parabasis in trochaic tetrameters, maintaining their persona as Clouds.

1116. ἐκ τῶν δικαίων = δικαίως.

1117. νεᾶν < νεάω, "plough."

1118. ὕσομεν < ὕω, "rain."

1120. αὐχμόν < αὐχμός, "drought."

1125. σφενδόναις: "slingshots."

1126. πλινθεύοντ(α): "(him) making bricks."

1127. κέραμον: "tiling."
χαλάζαις: "hailstones."

1129. ἴσως: "perhaps."

1130. κἄν: ἄν is simply repeated from 1128 (S 1765).

Strepsiades emerges from his house.

1131-53. Iambic trimeter.

1131. The last days of the month were "counted down" to the end.

1133. βδελύττομαι: "loathe."

1134. ἔνη τε καὶ νέα: "the last and the new," i.e., the last day of the month.

1136. πρυτανεῖ(α): the plaintiff's "good faith" deposit, which was forfeited if he lost the case.

1139. τὸ δ' ἀναβαλοῦ...ἄφες: "this one put off, this one let go (< ἵημι)," desperate pleas to creditors.

1145. ἡμί: "I say," emphatic.

1146. τουτονί: a gift for Socrates.

1147. ἐπιθαυμάζειν: apparently, "pay money to."

1150. 'Απαιόλη: "Fraud."

1154-66. Strepsiades' song imitates tragedy in meter (a mixture of anapests and dochmiacs) and in phrasing, some of which can be traced to extant plays.
τάρα = τοὶ ἄρα.

1154-5. τὰν...βοάν: Doric dialect.

1155. ὦ 'βολοστάται: "money-lenders" (literally, "obol-weighers").

1156. τἀρχαῖα...τόκων: "principal and compounded interest."

1158-9. οἷος...παῖς: "(in view of) the sort of son that..."

1160. ἀμφήκει: "two-edged."

1161. πρόβολος: "bulwark."

1162. λυσανίας: "sorrow-ender."

1164. ὡς ἐμέ: See on 237.

1166. ἄιε < ἀίω, here "obey."

Socrates escorts Pheidippides out of the Thinkery.

1171b-1205. Iambic trimeter.

1171b. **χροιάν**: Pheidippides' color (i.e., mask) has apparently changed.

1172. **ἰδεῖν**: parenthetical, "to look at/one can see."
        ἐξαρνητικός: "good at saying 'no.'"

1173. **τοὐπιχώριον** = τὸ ἐπιχώριον, "local (expression)."

1174. **δοκεῖν**: another subject of ἐπανθεῖ.

1175. **καὶ κακουργοῦντ'**: "even while doing the nasty deed."

1176. **Ἀττικὸν βλέπος**: "Attic look," i.e., one of impudence.

1186. **νοεῖ**: "means."

1187. **Σόλων**: the 6th-century codifier of Athenian law.

1188. **οὐδέν πω πρός**: "nothing yet (to do) with."

1191. **θέσεις**: "depositings."
        νουμηνίᾳ: "New Moon Day," the day following the ἕνη τε καὶ νέα.

1193. **φεύγοντες**: See on 167.
        ἡμέρᾳ μιᾷ: dative of degree of difference.

1194. **ἀπαλλάττοινθ' ἑκόντες**: "go off willingly," i.e., reach an out-of-court settlement.

1195. **ἕωθεν...νουμηνίᾳ**: "might be harassed (by fighting in court) in the morning of the New Moon Day." Pheidippides explains that Solon designated the Old and New as the day to initiate court action so that there would be two days, one on which to reach a settlement, and a second on which to post the deposit.

1197. **ἀρχαί** = αἱ ἀρχαί, i.e., οἱ ἄρχοντες.

1198. **προτένθαι**: perhaps "foretasters," assigned to assure the quality of food prepared for festivals.

1199. **ὑφελοίατο** = ὑφέλοιντο (S 465), "might make off with."

1200. προὐτένθευσαν ἡμέρᾳ μιᾷ: "they foretaste (gnomic aorist) ahead of time by one day."

1201. ἀβέλτεροι: "stupid(ly)," addressed to the audience.

1202. τῶν σοφῶν: "(us) intellectuals."

1203. ἀριθμός...νενησμένοι: "a number (i.e., just a heap), mere sheep, stacked-up wine jars." ἀμφορῆς is an Attic alternative for ἀμφορεῖς (< ἀμφορεύς).

1205. ᾀστέον μοὐγκώμιον (= μοι ἐγκώμιον): "I must sing a praise-song."

1206-13. The song is sung in lyric meters.

1207. ἔφυς: "were produced," i.e., "are."

Strepsiades and Pheidippides exit into Strepsiades' house, and the First Creditor enters with a non-speaking witness.

1214-1302. Iambic trimeter.

1214. τῶν αὐτοῦ τι: "some (portion) of his property."

1215. ἦν: ἄν is omitted (S 1774).

1216. ἀπερυθριᾶσαι: "to be beyond blushing," i.e., "to have refused with no embarassment."

1218. κλητεύσοντα: "to be a witness to the delivery of a summons."

1223. τοῦ χρήματος: "(on) what charge?"

1225. ψαρόν: "dappled grey."

1229. ἀκατάβλητον: "not to be overthrown/unbeatable."

1233. ἵν' ἄν: "wherever." Presumably, the Creditor would choose a sanctuary or some such place where Strepsiades would have scruples about making an oath (D).

1235. κἄν...τριώβολον: "I'd even add 3 obols (sc. to the court deposit) for the fun of swearing."

1237. ἁλσὶν διασμηχθείς: "rubbed with salt (< ἅλς)." Rubbing with salt was a preliminary process to tanning.

1238. ἐξ χοᾶς χωρήσεται: "he'll hold 4 1/2 gallons (< χοῦς).

1240. ἐμοῦ καταπροίξει: "get away from me unpunished." ἤσθην θεοῖς: "I get a kick out of (your mentioning) the gods"; dramatic aorist (S 1937).

1241. τοῖς εἰδόσιν: "to those who know," with γελοῖος.

1242. ἦ μήν: "I swear," introducing a confident assertion (GP 350).

1246. This line is addressed to the witness. Strepsiades hurries briefly into the house, returning with a kneading trough.

1253. θᾶττον: sometimes = "quickly," not "more quickly." ἀπολιταργιεῖς: "pack yourself off."

1256. ταῖς δώδεκα: sc. μναῖς, the court deposit for the Creditor's suit to recover his money.

The Second Creditor enters showing ill effects of a recent chariot mishap.

1257-8. The tone is one of mock-sympathy.

1259b. ἔα: exclamation of surprise.

1261. Καρκίνου: A son of the inferior tragedian Carcinus had recently produced a play in which a character is killed in a chariot accident. The Creditor's lamentation apparently recalls scenes from that play, but the reference of δαιμόνων remains unclear.

1263. κατὰ σεαυτόν νυν τρέπου: "turn (your steps) toward yourself, then," i.e., "go by yourself."

1264. θραυσάντυγες: "(chariot) rail-breaking."

1266. Τλημπόλεμος: 1264-65 are said by the scholiasts to come from a play called either *Tlempolemus* or *Licymnius*, in which Tlempolemus killed Alcmena's half-brother Licymnius, possibly in an arranged chariot mishap.

1267. ὦ τᾶν: "my good man."

1269. ἄλλως τε μέντοι καί: "for other reasons, of course, and especially..."

1271. εἶχες: With ἄρα the imperfect usually denotes the sudden realization of what has been true all along; translate as present (GP 36).

1273. ἀπ' ὄνου: from a proverb, in which "fall from an ass" probably denoted an act of foolishness; the phrase also suggests the pun ἀπὸ νοῦ ("out of one's mind").

1275. αὐτός: as opposed to his chariot and his money.

1276. ὥσπερ: "as it were."

1277. προσκεκλῆσεσθαι γ' ἐμοί: sc. δοκεῖς, "it seems to me that you will be summoned" (sc. to court).

1285-6. †σπανίζεις...ἀπόδοτε†: The switch from singular to plural here probably indicates a corrupt text, hence the daggers. σπανίζεις = "be short (of)."

1289. ὑπορρέοντος: "slipping away."
       καλῶς λέγεις: "you're right."

1290. ἔσθ' ὅτι: "is it that," i.e., "in any way" (S 2515).

1298. μέλλεις: here, "delay."
       σαμφόρα: See on 122.

1299. ἐπιαλῶ < ἐπιάλλω, "lay (it) on."

1300. σειραφόρον: "trace horse," one of the outside animals in a team of four.

1301. ἆρα = ἄρα; see on 1271. Somm. translates, "I thought I'd get you moving."

1302. ξυνωρίσιν: "with your yoked teams," comitative dative modified by αὐτοῖς ("and all"; S 1525).

1310. **ὧν...λαβεῖν:** "of those things which he has begun to do wickedly, suddenly take (on) some evil." The relative clause makes little sense here, hence the daggers.

1313. **οἱ = αὐτῷ,** "his" (with υἱόν).

Strepsiades rushes excitedly from his house, followed by a calm Pheidippides.

1321-44. Iambic trimeter.

1323. **πάσῃ τέχνῃ:** with ἀμυνάθετε (D).

1327. **τοιχωρύχε:** "wall-digger," i.e., a thief.

1330. **λακκόπρωκτε:** "reservoir-ass."

1338. **ἐδιδαξάμην...σε:** "I had you taught."

1345-50. The strophe is a combination of iambic trimeters and lyric meters.

1345. **σὸν ἔργον:** "(it's) your job/it's up to you."

1347. **εἰ μή τῳ (ἐ)πεποίθειν:** "if he hadn't trusted someone."

1351-85. Iambic tetrameters.

1352. **πάντως:** "anyway," i.e., "regardless of what we tell you" (D).

1354. **εἱστιώμεθ':** pluperfect < ἑστιάω, "feast."

1356. **τὸν Κριὸν, ὡς ἐπέχθη:** "(about) how Crius was shorn (< πέκω)." Simonides was a 6th-century lyric poet; Crius' name means "ram," so his defeat in a wrestling competition is described as a "shearing."

1358. **κάχρυς...ἀλοῦσαν:** "a woman grinding (< ἀλέω) barley"; such women sang work-songs.

1364. **ἀλλά:** adverbial, "at least."
μυρρίνην λαβόντα: It was customary for a myrtle branch to be passed to the singer.

1366. **γάρ:** here implies dissent (GP 74).

1367. **ψόφου...κρημνοποιόν:** "full of noise, incoherent, bombastic, crag-maker (user of big, rugged words)."

1368. **ὀρεχθεῖν:** "palpitated," infinitive for imperfect in indirect discourse.

1369. **τὸν θυμὸν δακών:** "biting my spirit," i.e., "holding back my anger" (D).

1371. **ἐκίνει:** "screwed," referring to Euripides' *Aeolus* and the relationship of Macareus and Canace.

1372. **ὦ 'λεξίκακε:** "keeper-off of evil."

1376. **κἄπειτ'...κἀπέτριβεν:** "then he pounded me, crushed, choked and wore (me) away."

1381. **τραυλίζοντος:** "lisping."

1382. **βρῦν:** a baby-word.
πιεῖν ἐπέσχον: "I offered (something) to drink."

1384. **κακκᾶν...κἀγώ:** "you could not say 'kaka' before I..."
ἔφθης is aorist < φθάνω.

1385. **ἐξέφερον:** Children were probably simply taken outside for toilet functions (D).

1386-90. This is the iambic pnigos, or "choker," to be recited in one breath.

1387. **χεζητιῴην** < χεζητιάω, "want to crap."

1390. **αὐτοῦ:** adverbial, "on the spot."

1391-6. Responds to 1345-50 above.

1396. **ἀλλ' οὐδ' ἐρεβίνθου:** "not even for (the price of) a chickpea."

1397-1451. Iambic tetrameters followed by an iambic pnigos (1445-51).

1397. κινητὰ καὶ μοχλευτά: vocative, "mover and heaver."

1398. πειθώ: accusative, "persuasion" (note accent).

1403. οὑτοσί: Socrates.

1404. λεπταῖς: with all three nouns.

1410. κηδόμενος: "caring for."

1411. σοί: with εὐνοεῖν.

1413. ἀθῷον: "immune."

1414. ἐλεύθερος: A free man could not be struck with impunity (D).

1415. A parody of Euripides' *Alcestis* 691, where Pheres asks his son, Admetus, "You rejoice in seeing the light; do you think your father does not?"

1416. παιδὸς...εἶναι: "that this (i.e., being beaten) is a child's task." ἔργον can have passive sense (D).

1423. ἧττόν τι: "any the less."

1426. ἀφίεμεν...προῖκα: "We (will) waive, and give them as a gift (the fact) that we were beaten up."

1436. ἐμοὶ κεκλαύσεται: impersonal passive, "I will weep." ἐγχανών: "scoffing." τεθνήξεις: future perfect < θνῄσκω (S 659a).

1438. τἀπιεικῆ = τὰ ἐπιεικῆ; inner accusative with συγχωρεῖν, "make reasonable concessions."

1449. τὸ βάραθρον: "the abyss," a pit behind the Acropolis, where bodies of executed criminals were flung.

1452-1509. Iambic trimeter.

1468. καταιδέσθητι πατρῷον Δία: "Thou shalt revere Zeus of our forefathers," tragic parody (D).

1471. = 828.

1473. τουτονί: pointing to a dinos (i.e., a bowl) on stage, perhaps substituting for the traditional herm, in front of the Thinkery.

1474. χυτρεοῦν < χυτρεοῦς, "earthenware."

1475. φληνάφα: imperative, "babble."

Pheidippides exits.

1478. Ἑρμῆ: addressed to the herm outside of Strepsiades house.

1480. ἀδολεσχίᾳ: "idle talk."

1483. ὀρθῶς παραινεῖς: Strepsiades pretends that the herm has spoken with him.

1485. Ξανθία: A slave who enters carrying a ladder (κλίμακα) and hoe (σμινύην).

1488. κατάσκαπτ᾽: "demolish."

1489. ἐμβάλῃς: "bring (it) down upon."

1490. ἡμμένην < ἅπτω.

Strepsiades attacks the Thinkery. Students begin to rush out, and eventually Socrates himself emerges

1496. διαλεπτολογοῦμαι...οἰκίας: "I'm chopping logic with the beams of your house."

1501. ἐκτραχηλισθῶ: "break my neck."

1503. = 225.

1506. τί γὰρ μαθόντες: See on 402.

1510-11. Anapestic.

1510. ἡγεῖσθ᾽: addressed to other members of the Chorus, with, perhaps, the remaining actors as the implicit object.

1511. μετρίως: "enough," signalling the finale.

ISBN-13: 978-0-929524-

9 780929 524023